EL PADRE PÍO, CAMINO DE ESPERANZA

Una espiritualidad para hoy

Isaac Parra Mogollón

Nihil Obstat Quominus Imprimatur
Alberto Royo Mejía
Promotor de la Fe del Dicasterio para la Causa de los Santos
8 de diciembre de 2023
Solemnidad de la Inmaculada Concepción

Al Padre Pierino Galeone.
A mi querida familia.
A todos mis amigos
y a toda la familia de los Siervos del sufrimiento,
a los que quiero y tanto debo.

ÍNDICE

Si amas a Dios con todo tu corazón, todo se convertirá en Bien.
Padre Pío de Pietrelcina.

PRÓLOGO

Uno de los signos del cuidado que el Señor tiene por su Iglesia, como esposo para con su esposa y cabeza para con su cuerpo, es sin duda cómo en cada momento suscita en medio de la comunidad, ejemplos innumerables de santidad "de toda raza, lengua, pueblo y nación" (Apoc. 5, 9). No nos engañemos, no es una iniciativa humana, sino que viene de Dios, ni el santificarse depende de lo mucho que nos esforcemos, sino que es todo obra de la Trinidad: del Padre que nos elige y nos concede la filiación divina; del Hijo que con su redención nos da la gracia que hace posible el desear y el obrar; y del Espíritu Santo que nos guía con sus dones. Por eso, con razón decimos que los santos son obras maestras de la Trinidad, todos y cada uno de ellos, con vidas tan diferentes según la propia vocación y las circunstancias de su peregrinación terrena.

Pero no se limita Dios a una vocación universal a la santidad. Por mucho que quede claro que, al ser para tantos necesariamente tiene que ser accesible para todos, para que nadie se pueda desanimar ante dicho proyecto ni se deje llevar por la tentación suave de la mediocridad, el mismo Señor nos anima con ejemplos prácticos. Nos lo recordaba el Papa san Juan Pablo II que, tras hablar de la llamada común de todos, añadía: "Entre ellos Dios elige siempre a algunos que, siguiendo más de cerca el ejemplo de Cristo, dan testimonio preclaro del reino de los cielos con el derramamiento de su sangre o con el ejercicio heroico de sus virtudes." (*Divinus Perfectionis Magister*, Proemio). "Algunos", esto es, unos cuantos, pocos en comparación con la multitud incontable de los santos, hombres y mujeres que llegan a lo que llamamos la gloria de los altares – la beatificación, la canonización- porque el Señor quiere que todos los demás podamos ver en ellos ese "testimonio preclaro" que nos han dejado. No son diferentes de los demás, sino de carne y hueso como todos, carne débil como consecuencia de aquel pecado original que, habiendo sido borrado en el bautismo, sin embargo, nos ha dejado una debilidad que hace que nos cueste hacer el bien, que nos sea trabajoso caminar por las vías del Señor.

Y, sin embargo, nos han dejado un testimonio preclaro que, a nosotros, que cada día experimentamos "la fatiga y el calor del día" (Mt. 20, 12), nos viene de maravilla. No podremos pensar que es imposible llegar a ser santos cuando ellos lo han conseguido.

No nos desanimaremos si recordamos que ellos nos auxilian desde el cielo.

En cada época Dios ha elegido a algunos de ellos, según las circunstancias y las necesidades de su pueblo santo. Por eso, al pensar en San Pío de Pietrelcina, cabe preguntarnos: "¿Qué ha querido decirnos el Señor con la vida de este humilde fraile capuchino, rodeándolo de pruebas y persecuciones, enriqueciéndolo con profundos dones carismáticos y concediéndole dones místicos de gran misterio?" En su vida encontramos muchos elementos que no son fundamentales para vivir esa plenitud de vida cristiana que llamamos santidad. A través de esos elementos que llamo fundamentales porque lo son -el edificio de las virtudes, cuya piedra angular es la caridad, la imitación de Cristo manso y humilde de corazón, el coger la cruz de cada día, sin los cuales no hay plenitud posible, todos los santos nos iluminan el camino para que no nos quedemos en cosas secundarias ni pensemos que la santidad es algo que no lo es: algunos se fijan en los formalismos, otros se paran en los medios sin ir más allá, otros se fijan en las actitudes sin pensar en cambiar el corazón, etc. Las posibilidades son muchas y los santos nos invitan a caminar por la senda adecuada sin desviarnos para un lado o para otro.

En lo que San Pío coincide con los demás santos de su época, y con los de todas las épocas, su mensaje es un nuevo recordarnos que Dios nos ama con un amor infinito y que la mejor respuesta que puede surgir en nuestro corazón es el deseo de santidad. Luego las obras serán como sean, que Dios no se escandaliza de nosotros y todo lo remedia con su misericordia, pero lo importante es que sean guiadas por el deseo de santidad. Y en qué consiste ésta, lo explicaba él mismo a Rafaelina Cerase en 1915:

> *Santidad significa ser superiores a nosotros mismos; significa victoria perfecta sobre nuestras pasiones; significa desprecio real y constante de nosotros mismos y de las cosas del mundo, hasta el punto de preferir la pobreza a la riqueza, la humillación a la gloria, el dolor al placer; la santidad es amar al prójimo como a nosotros mismos y por amor de Dios.*

La santidad, en este punto es amar incluso a quien nos maldice, nos odia, nos persigue y hasta hacerle bien. La santidad es vivir humildes, desinteresados, prudentes, justos, pacientes, caritativos, castos, mansos, laboriosos, cumplidores de los propios deberes... La santidad tiene la virtud de transformar al hombre en Dios.

Pero en la vida y en el testimonio de santidad del Padre Pío encontramos esos otros aspectos específicos que nos hacen preguntarnos qué nos ha querido decir Dios con tantas cruces y tantos sufrimientos; con la persecución de parte de los que teóricamente debían defenderle, pues era bueno e inocente, y no lo hicieron; con las heridas de los estigmas que dolían en el cuerpo y dolían en el alma pues se convirtieron en fuente de calumnia e incomprensión; con esa fama mundial que le permitía llegar a muchos y a la vez ser el objeto de envidia de muchos; esto es, qué nos ha querido decir Dios con tanto misterio...

Es difícil intuir los motivos por los que Dios hace actúa, nos encontramos ante un misterio que nos envuelve y nos supera, a la vez que nos abraza con amor. Sin embargo, algo podemos intuir, pero son solamente intuiciones:

En el siglo XX, tiempo de racionalismo, cientifismo y tecnologismo, los misterios que rodean la vida del Padre Pío nos invitan a darnos cuenta que es ilusorio el querer explicar todo con la razón, Dios mismo se hace presente para recordarnos que la vida cristiana va más allá de lo que se puede pesar, medir, calcular, prever, que Dios es absolutamente imprevisible.

En el siglo XX, tiempo de la introspección psicológica, mediante el testimonio del Padre Pio, quizás Dios nos ha recordado que es con la limpieza del alma que nos viene con el sacramento de la penitencia como podemos cambiar nuestra vida y que la gracia de Dios es medicina sanadora de tantas zozobras que nos quitan la paz.

En el siglo XX, tiempo de la cultura del individualismo y del hedonismo, mediante el testimonio del Padre Pio quizás el Señor nos ha querido recordar que la oración de intercesión y el sacrificio por los demás, son el modo sublime de vivir la caridad, de la que "dependen toda la ley y los profetas" (Mt. 22, 40).

En el siglo XX, tiempo de devaluación del amor y la entrega, de los compromisos efímeros y las promesas incumplidas, mediante el Padre Pío quizás Dios nos ha querido mostrar la belleza de una vida fiel, perseverante, a pesar de las dificultades, y de cómo es posible y merece la pena decir un sí y mantenerlo para siempre, como decía la gran santa abulense:

> "aunque me cueste, aunque no pueda, aunque reviente, aunque me muera" (Teresa de Jesús).

Sin duda, el testimonio personal del Padre Pío nos despierta del letargo de la cultura dominante y nos recuerda que el amor de Dios incluye estas cosas y muchas otras, todas infinitamente más hermosas que los valores que propone la mundanidad, que parecen brillar pero que no lo consiguen, pues no tienen en sí la luz verdadera.

A la vida y las virtudes de San Pío, que son maestras de santidad, se deben aplicar sin embargo las palabras del Papa Francisco: "Hay testimonios que son útiles para estimularnos y motivarnos, pero no para que tratemos de copiarlos, porque eso hasta podría alejarnos del camino único y diferente que el Señor tiene para nosotros. Lo que interesa es que cada creyente discierna su propio camino y saque a la luz lo mejor de sí, aquello tan personal que Dios ha puesto en él (cf. *1 Co* 12, 7), y no que se desgaste intentando imitar algo que no ha sido pensado para él." (*Gaudete et Exultate*, 11)

Mi muy querido amigo y hermano Isaac Parra, como buen conocedor de la figura del Padre Pío -no solamente de lo que aparecen en los libros, sino de lo que él mismo ha experimentado a través de la devoción y el conocimiento espiritual- nos ayuda en esta obra a personalizar el testimonio de este grande santo para que cada uno lo pueda aplicar a su propia vida y saque a la luz lo mejor de sí, "aquello tan personal que Dios ha puesto en él", como dice el Papa. Convencidos que en cada uno de nosotros el Señor ha puesto esa semilla de santidad que es la gracia bautismal, dejamos que el Padre Pío nos hable al oído, nos sugiera y nos anime a caminar hacia la plenitud.

Mons. Alberto Royo Mejía.
Promotor de la Fe
del Dicasterio para las Causas de los Santos.

INTRODUCCIÓN

Poco después de las 21 horas del 22 de septiembre de 1968, cuando el padre Mariano se había alejado ya de la celda n.4, yo había entrado, el Padre Pío por medio del intercomunicador me llamó a su habitación, estaba en su lecho, acostado sobre su flanco derecho. Me preguntó solamente la hora señalada por el reloj de alarma de su mesa de noche. De sus ojos enrojecidos enjugó algunas pequeñas lágrimas y regresé a la habitación n.4 para ponerme a la escucha del intercomunicador siempre encendido. El Padre me llamó aún otras cinco o seis veces hacia la medianoche; y tenía siempre los ojos enrojecidos de llanto, pero de un llanto dulce, sereno. A medianoche como un niño temeroso me suplicó: "quédate conmigo, hijo mío"; y comenzó a preguntarme la hora. Me miraba con ojos llenos de súplica, apretándome fuertemente las manos. Luego, como si se hubiese olvidado de la hora requirió a continuación, me preguntó:" ¿has dicho la Misa?" Respondí sonriendo: "Padre espiritual, es demasiado pronto ahora para la Misa. Y él replicó: "esta mañana la dirás por mí". Y yo:" pero todas las mañanas la digo según sus intenciones" Posteriormente quiso confesarse y finalizada su confesión sacramental dice: "Hijo mío, si hoy el Señor me llama, pide perdón por mí a los hermanos por todos las molestias que he dado, y pide a los hermanos y a los hijos espirituales una oración por mi alma" Respondí: "Padre espiritual, estoy seguro que el Señor lo hará vivir aún mucho más, pero, por si usted tuviese razón, ¿puedo pedirle una última bendición para los hermanos, para los hijos espirituales y para sus enfermos?" Y él respondió: "Si que bendigo a todos; pide también al Superior qué imparta él por mí esta última bendición" Por último me pidió renovar el acto de profesión religiosa. Era la una cuando me dice: "Siento, hijo mío, que en el lecho no respiro bien. Me dejó levantarlo. En la silla respiraré mejor". La una, las dos, eran las tres, era por lo general la hora en la cual solía levantarse para prepararse para la Santa Misa, y antes de sentarse en la butaca solía hacer cuatro pasos por el corredor. Aquella noche noté con gran maravilla que caminaba derecho como un joven, tanto que no tuve necesidad de sostenerlo. Junto a la puerta de su celda dijo: "vayamos un poco al balcón". Lo seguí teniendo la mano bajo el brazo. Él mismo encendió la luz y llegando junto al sillón se sentó y miró alrededor: parecía que con los ojos buscase algo. Luego de cinco minutos quiere regresar a la celda. Traté de levantarlo, pero me dice: "no puedo hacerlo".

En efecto, se había cansado. "Padre espiritual, no se preocupe" Le dije para darle coraje o para animarlo. Tomando súbitamente la silla de ruedas, que estaba a dos pasos, lo tomé por debajo de los brazos y lo pude sentar en la silla".

Él mismo levanto los pies del suelo y los puso sobre el estribo. En la celda, cuando estuvo sentado en la butaca, indicándome con la mano izquierda y con la mirada la silla de ruedas me dice: "Llévala afuera" Al entrar nuevamente en la celda, noté que el Padre comenzaba a palidecer. Sobre la frente tenía un sudor frio. Me asusté aún más, cuando vi que sus labios comenzaban a ponerse lívidos. Y repetía continuamente "Jesús, María" con voz siempre más débil. Me moví para ir a llamar a un hermano, pero él me detuvo diciendo: "No despiertes a nadie". Yo me encaminé igualmente corriendo y me había alejado pocos pasos de su celda, cuando me volvió a llamar. Y yo pensando que no me llamase para decirme lo mismo volví hacia atrás. Pero cuando oi repetir "No despiertes a nadie", le respondí con una súplica: "Padre espiritual, déjeme hacerlo" Y corriendo me dirigí a la celda del padre Mariano, mas, viendo abierta la puerta de fray Guillermo entré, encendí la luz y lo sacudí: "El Padre Pío está mal". En un momento fray Guillermo llegó a la celda del Padre y yo corrí a telefonear al doctor Sala. Este llegó en diez minutos y apenas vio al Padre preparó enseguida lo necesario para ponerle una inyección. Cuando todo estuvo preparado fray Guillermo y yo tratamos de levantarlo, pero, al no tener éxito tuvimos que sentarlo en el lecho. El doctor le inyectó y luego nos ayudó a volverlo a la butaca, mientras el Padre repetía con voz cada vez más débil y con los movimientos de los labios cada vez más imperceptibles: "Jesús, María" Entretanto, llamados por el doctor Sala, comenzaron a llegar Mario Pennelli, sobrino del Padre Pío, el director sanitario de la Casa Sollievo doctor Gusso y el doctor Giovanni Scarale; mientras llamados por mí, ya habían llegado el padre Guardián, el padre Mariano y otros hermanos. Mientras los médicos le administraban oxígeno, primero con una cánula y luego con máscara, el padre Paolo, de San Giovanni Rotondo administraba al Padre espiritual el Sacramento de los enfermos y los otros hermanos arrodillados a su alrededor oraban. A la hora 2,30 acerca suavemente la cabeza al pecho: había fallecido. Padre Pellegrino Funicelli[1].

Con estas palabras del Padre Pellegrino Funicelli, recogidas en la revista de la Casa Sollievo della Sofferenza, comenzaba nuestra andadura Radiofónica los Siervos del Sufrimiento en el año 2018.

---

[1] Padre Pío è morto, numero speciale «La Casa Sollievo della Sofferenza», ottobre 1968

Una de las cosas que queríamos mostrar es que las palabras proféticas del Santo de los Estigmas se hacían palpables verdaderamente. El Padre Pío dijo a sus hijos espirituales: *Daré mucha más guerra muerto que vivo*. Y así fue. Toda una revolución espiritual en el corazón de sus hijos. ¡Cuántas personas! ¡Cuántos laicos y sacerdotes, con corazones, vidas destrozadas y heridas profundas han vuelto a la Fe y a la Iglesia, gracias a la intercesión del Padre Pío!

El Padre Pío, conmigo, no hizo excepción alguna. Él me buscó a mí, como hace frecuentemente con sus hijos. Lo hizo en un momento determinado de mi historia. Un momento en el que la cruz, el sufrimiento, estaban dominando mi vida. El Padre Pío apareció, me tomó de la mano y me llevó a Jesús. Él, hizo todo nuevo. Esta es la belleza de los santos, que no te dejan en ellos mismos, sino que te llevan a Cristo Jesús diciéndonos: *Haced lo que Él os diga* (Jn 2, 5); como dijo María en las bodas de Cana.

En mi caso, el Padre Pío, me llevó de nuevo al "Camino, a la Verdad y a la Vida" (cf. Jn 14, 6). Desde ese momento vi de nuevo la luz. No puedo dejar de mencionar aquí el papel que el Espíritu Santo tuvo al poner en mi vida al Padre Pierino Galeone. Él me llevó de nuevo a Jesús a través de una confesión. Con su testimonio de vida me mostró que el Padre Pío estaba hoy vivo. Mons. Galeone estuvo más de veinte años compartiendo con el Padre Pío miradas, palabras, pensamientos, tristezas y alegrías. Él ha sido para mí la luz en este camino sacerdotal. Un fruto bello de la unión con Padre Pío.

Muchos de los apuntes que aparecen en este libro son fruto de las palabras del Padre Pierino Galeone quien, en cada momento y ocasión, no ha dejado de transmitirme bellos pensamientos que han iluminado toda mi vida y mi caminar espiritual. Agradezco al Señor el cuidado que ha tenido conmigo poniéndomelo en mi camino.

Forgione cuando me encontró, me enseñó a cambiar mi vida sacerdotal. A vivir mi sacerdocio con entrega y en una relación de amor. Me enseñó a salir de mi mediocridad y a vivir siempre mirando al Cielo. A huir de las cosas de este mundo para vivir, en este mundo, la plenitud de la vida.

El Santo me enseñó a rezar y a vivir mi relación con Jesús, ya no por obligación sino por amor, me enseñó a no huir de la cruz sino a verla como un don y como un regalo precioso que Él quería compartir conmigo. Como uno puede comprobar, quien entra en contacto con este fraile, no queda nunca indiferente. Este es el fruto que Padre Pío hizo en mi por medio de la vida y el testimonio del Padre Pierino Galeone.

Si en algo es conocido el Padre Pio de Pietrelcina en el mundo es por los estigmas. El Señor permitió que este joven fraile que buscaba en todo momento amar al Señor y seguir sus huellas fuera el *crucificado sin cruz*. Como dijo San Juan Pablo II: "la Espiritualidad del Padre Pío es una espiritualidad actual"[2]. Es verdad que durante su vida terrena tuvo muchos hechos extraordinarios pero lo importante y el hecho más extraordinario no es otro que las miles y miles de personas que han vuelto al Señor por su testimonio y forma de vida. Ese es el mayor milagro. Los estigmas, debemos de decir, no son signos de santidad sino lo que es signo de santidad es la vida que ha llevado durante tantos años. Una vida viviendo de forma heroica las virtudes.

¿Por qué atrae Padre Pío? Esa es una pregunta importante que muchos de nosotros nos hacemos porque la vida de San Pío no fue ni fácil ni atrayente. Lo que atrae a tanta gente, de todos los lugares del mundo, de este santo, es su amor a la Iglesia, a Jesús y a la Cruz. Esto es lo que hace que su vida sea apasionante. No los estigmas, no los hechos sobrenaturales, sino la relación personal, íntima y extraordinaria en lo ordinario, que tenía con Jesús, con la Virgen y con la Iglesia. Por ello no podemos decir que sea idolatría sino veneración. Los santos no nos dejan en ellos mismos, sino que nos remiten o nos conducen a Otro. San Pío nos lleva al Señor y así lo veremos a lo largo de este libro. Nos invita a que aspiremos a las cosas del cielo y no a las de la tierra. Su vida nos anima a la santidad. Nos muestra que es posible hoy ser santo y que Jesús es misericordioso.

Quien ha caminado por Pietrelcina o por San Giovanni Rotondo puede experimentar en el corazón la grandeza de este hombre por lo que Dios ha hecho inmerecidamente en él.

---

[2] JUAN PABLO II, Beatificación del Beato Pio de Pietrelcina, 16 de junio de 2002

Todo ha sido permitido en su vida para llevar a muchas almas al redil. No podía ser de otra forma. El Señor no le eligió para otra cosa que para estar con Él y atraer a muchas almas al Corazón de Jesús.

Este libro está formado por las distintas conferencias que he ido dando por diferentes puntos de la geografía y no pretende agotar la figura del santo. Pretende ser una alabanza a la obra que Dios ha hecho en el Padre Pío y que a tantos nos ha cambiado nuestra forma de mirar, de amar, de actuar y de relacionarnos con el Señor.

También quiere ser un agradecimiento a Dios por haberse fijado en un humilde sacerdote, el Padre Pierino Galeone, en un pequeño pueblo cerca de Taranto llamado San Giorgio Jonico. De esta forma no solo fundó una familia espiritual querida y amada por el Padre Pío llamada Siervos del Sufrimiento sino que nos ha transmitido este bello carisma recibido a su vez del mismo fraile de Pietrelcina. Que estas líneas abran el apetito del corazón del lector a conocer esta profunda y bella espiritualidad.

Comenzaremos con una breve biografía. Tocaremos algunos aspectos breves y sencillos de la espiritualidad que nos pueda servir en nuestro día a día. Hablaremos un poco de los Siervos del Sufrimiento como herederos de una misión, continuaremos con la flor más bella de San Pío y veremos qué significa ser hijo espiritual del Padre Pio hoy.

Los santos son modelos y espejos donde nosotros los cristianos debemos fijarnos y aprender. Ellos, personas de carne y hueso como nosotros, vivieron aquí en la tierra amando a Dios, haciendo su voluntad en su pobreza y en su pequeñez. Nos indican que la santidad hoy es posible.

¡Qué alegría tuvo que haber en el cielo ese 23 de septiembre de 1968! ¡Cómo el Padre Eterno no iba a abrir las puertas del paraíso a aquel que en la tierra no hizo otra cosa que hacer su voluntad!

Hoy el Padre Pío desde el cielo, como ya nos dijo aquí en la tierra, estará esperando en el umbral del paraíso a que el último de sus hijos haya entrado.

P. Isaac Parra Mogollón SdS

CAPÍTULO 1. BREVE BIOGRAFÍA[3]

Quien conoce la vida del Padre Pío, ha podido percibir, que toda su historia terrena ha sido una estrategia de Dios. Poco a Poco Jesús ha ido cuidando y preparando a este pobre fraile de Pietrelcina para realizar su gran obra en el mundo. Todo es obra de Él. Todo por la salvación de las almas.

Ya, desde que tuvo la visión en el campo de batalla que luego veremos, Padre Pío tuvo el convencimiento de que toda su vida sería estar en la cruz y luchar contra las fuerzas del mal, del maligno, del demonio. Él sabía que su vida tendría que ser recorrer la vía del calvario. Así fue. El Señor le imprimió en el corazón el signo de la Cruz.

Lo que manifestaré a continuación aparece de una forma más extensa en el libro "Cireneo de Todos" escrito por Alessandro da Ripabottoni, testigo y compañero durante muchos años del Padre Pío.

Infancia

Francesco Forgione nació en Pietrelcina el día 25 de mayo de 1887. Pietrelcina era una pequeña aldeíta situada en el sur de Italia, a pocos kilómetros de un pueblo un poco más grande llamado Benevento. Él nació en el barrio Castello de Pietrelcina. Algunos habitantes del pueblo, incluso su padre, llamaban a esta aldea "Petrapulcina". Esto se debía a que una tradición oral decía que apareció una piedra que tenía cincelada una gallina con sus pollitos. Hoy este pueblo se llama Pietrelcina.

[3] Para el desarrollo de este capítulo he utilizado varias fuentes bibliográficas. De aquella que más he tomado apuntes ha sido de: ALESSANDRO DE RIPABOTTONI, *El cireneo de todos*, Edizzioni Padre Pio di Pietrelcina.

Los padres del pequeño Francesco se llamaban Grazio María Forgione y María Giuseppa di Nuncio. Eran campesinos y se ganaban la vida trabajando en el campo. Así era como mantenían a sus seis hijos. Sus trabajos a pesar de ser humildes, el mismo Padre Pío dirá: *en mi casa era difícil encontrar diez liras juntas, pero nunca faltaba de nada.* Con todo ello sus padres eran muy hospitalarios y caritativos con quien se acercaba a ellos.

El amor al Señor por parte del pequeño Francesco venía del ambiente en el que se había criado, en Pietrelcina. Sus padres eran personas de fe. Su padre vivía la fe con amor y sinceridad. Su madre al igual era muy devota y penitente. Hacía varias veces a la semana algunos ayunos en honor de los santos.

Al día siguiente de nacer, es decir, el día 26 de mayo de 1887, recibió el bautismo y le pusieron de nombre Francesco por San Francisco de Asís a quien encomendaron con fe y devoción. Fue confirmado el 27 de septiembre de 1899 y comulgó por primera vez cuando contaba con 11 años.

Los testigos afirman que el pequeño Francesco era un niño muy sensible, calmado, callado, algo tímido y bastante piadoso. Conforme iba creciendo se le iba viendo cada vez más como Dios iba poniendo su mano sobre él. Cuando apenas contaba con cinco añitos, cuenta su director espiritual, el Padre Benedetto de San Marcos in Lamis, que se le apareció el Sagrado Corazón de Jesús. Éste le puso su mano encima de la cabeza manifestándole su agradecimiento y confianza por la ofrenda de si mismo que le había hecho. En ese mismo momento, el pequeño Francesco, le prometió a San Francisco, que sería un fiel seguidor suyo. No podemos olvidar la gran devoción que se tiene en Italia al santo de habito marrón que también tuvo los estigmas: San Francisco de Asís.

Esta ofrenda que Forgione hizo al Señor no iba a ser fácil. Pasaría por muchas dificultades.

La vida espiritual del joven Francesco iba creciendo y puliéndose cada vez más. El Señor iba haciendo en él una obra preciosa a sus ojos. Poco a poco le iba puliendo para que el jarrón que había sido diseñado para Él quedase agradable a sus ojos.

Nos cuentan testigos del proceso, que Francesco cuando tenía algún momento en su jornada, pasaba largas horas en la Iglesia después de la Misa. Si veía que las puertas del templo estaban cerradas, hablaba rápidamente con el Sacristán y entre ellos se ponían de acuerdo en el horario para ir a abrirle. ¡Cuántas horas ante Jesús en la Eucaristía pasaría este pequeño! ¿Qué hablaría? ¿Qué le diría? Conociéndole un poquito ahora, seguro que se ofrecería para hacer siempre y en todo momento su voluntad. Su ofrenda no sería otra que la de hacer siempre su Santa Voluntad.

Muchos de los testigos ya le recuerdan desde muy pequeño como una persona de intensa oración. Afirman haberlo visto rezar, a la edad de nueve o diez años, cuando pastoreaba las ovejas. Un testigo decía: *yo pasaba y vi a este muchacho que tenía la corona en la mano y recitaba el rosario, llamé a su padre y le dije: Razio (Grazio) tienes un santito pastoreando las ovejas. El padre sonreía y no decía nada.*

En una ocasión la madre nos cuenta que ya desde muy pequeño hacía pequeñas penitencias. En algunas ocasiones le veía que se flagelaba. Una vez la madre le preguntó el por qué lo hacía. Él mismo respondió: *debo golpearme como los judíos golpearon a Jesús, haciéndole sangrar la espalda.*

El Padre Giuseppe Orlando, nos relata, que reprendía a Francesco en ocasiones porque no solía dormir en la cama y desobedecía a su madre. Un día le vieron que se ponía como almohada una piedra.

Se le aparecía la Santísima Virgen María, tenía un trato muy cercano con el Ángel de la Guarda, apariciones y torturas del mismo demonio. Todo esto no le dejó descansar en ningún instante de su vida. ¡Cuántos amigos y vecinos no le han oído pelear con el demonio!

En el Epistolario I, hablando con su director espiritual, decía: *Le digo a Jesús que no quiero cometer más pecados; pero si él no sostiene mi debilidad a la primera ocasión me mostraré tal como he sido siempre.* ¡Qué gran amor a Jesús tenía! Odiaba el pecado. No quería vivir para el mundo. El centro de su corazón era Jesús. ¡Cuánto nos falta a nosotros aprender de estas palabras! Odiar el pecado y no hacer las paces con él.

Francesco Forgione, ya desde muy pequeño, era una persona muy enfermiza.

Tuvo la fiebre tifoidea, dolores de cabeza, soponcios, problemas respiratorios, fiebres altas que superaban incluso los 48 grados.

Vocación

Fray Camilo era un fraile que estaba en el convento de Morcone, el cual conquistó al pequeño Francesco. Un día dirá que lo que le atraía de Fray Camilo y por lo que él quiso ser fraile era por la barba del fraile. Este deseo de consagrar su vida al Señor no se improvisa. Durante toda su infancia, el Señor iba moldeando este pequeño corazón. Lo iba puliendo, lo iba enamorando. Tantas horas en el Sagrario, la confesión, la dirección espiritual, el amor a la Virgen y la Eucaristía eran el caldo de cultivo para esta vocación que llegará hasta los confines de la tierra.

No tuvo que ser fácil dar el paso de entrar al convento. No entraba en una comunidad fácil. Según nos cuentan los biógrafos, el joven Forgione entró en la comunidad más rígida y penitente de toda la comarca. Como todo joven de su tiempo tendría un miedo inteligente de dar este paso. Francesco no iba a ser distinto. Lo que le dio confianza a seguir a delante era la seguridad y la certeza que tenía de que Jesús estaba con él en todo momento.

Un día Francesco le dijo a su madre que quería ser religioso. Su madre se puso muy contenta de la decisión que había tomado, pero como madre se entristeció un poco porque esto conllevaría la separación física de él. La madre – cuenta el mismo Padre Pío – le cogió de la mano a su hijo y le dijo: *¡Hijo mío, me rompes el corazón!... Pero en este momento no pienses en el dolor de tu madre ¡San Francisco te llama y vas!*

En aquel momento, en la familia Forgione, no se pasaba por una buena situación económica que le permitiera pagar la educación de su hijo, por tanto, su padre, Zío Grazio, tuvo que emigran a los EE. UU, donde estuvo mucho tiempo. Tanto que incluso no pudo estar presente en la ordenación sacerdotal de su hijo.

Hubo un episodio, que antes he mencionado, acerca de un campo de batalla. Este episodio sucedió antes de entrar en el seminario. Aquí Francesco se da cuenta de que la mano de Dios estaría siempre con él.

No olvidemos que siempre que el fraile fuera a pasar por la lucha, el Señor se le aparecía en visiones. Éstas solían durar una hora aproximadamente. Sucedían antes o después de las apariciones diabólicas: Jesús le hizo ver a Francisco en una visión que se encontraba en un campo de batalla. A un lado estaban los hombres radiantes y al otro lado las bestias espantosas de color oscuro. El mismo Jesús le manifestó que tenía que enfrentarse a una horrenda criatura. Francisco le respondió que no le pidiera algo de lo cual no iba a salir vencedor. Jesús le animó y le dijo: *ánimo, avanza valerosamente que yo estaré junto a ti; te ayudaré y no permitiré que él te derrote. Como premio a la victoria que alcanzarás te regalaré una espléndida corona*[4]. Ese fue el momento en el que entraron en el combate del cual, el joven Francesco, salió victorioso. Con esta visión el Señor quería transmitirle que en su vida tendría que luchar en muchas ocasiones con el Demonio pero que siempre estaría a su lado. Todo se cumplió. El demonio no le dejó tregua alguna y Forgione siempre salió victorioso. Esto nos enseña que, en nuestras tentaciones y luchas con el demonio, el Señor siempre lucha con nosotros. Por qué temer, Jesús me ayuda en la batalla. El demonio podrá ganar la batalla, pero nunca la guerra.

La Virgen también estuvo presente en la entrada al Seminario. Su madre le regaló una corona del rosario con el que entró. El 6 de enero de 1903, cuando tenía 15 años, entró en el seminario, ingresando en la Orden Franciscana como Capuchino. Entró en el mismo convento donde estuvo Fray Camilo da Sant' Elia a Pianisi. Recibió el hábito en forma de cruz el 22 de enero del 1903 y en ese momento se dio cuenta de que su vida estaría "crucificada en Cristo". Desde ese instante se le impuso el nombre de Fray Pío de Pietrelcina en honor a San Pío V.

Una vida ejemplar fue la vida de Fray Pío de Pietrelcina. Así lo manifiesta quien estaba a su lado. Era muy obediente y dócil a sus superiores. Realizaba muchos días de ayuno y penitencia. Comía y bebía siempre muy poco nos cuenta el Padre Pierino Galeone[5]. Durante 20 días se estuvo alimentando solamente de la Eucaristía.

---

[4] ALESSANDRO DA RIPABOTTONI, *Cireneo de todos*, 47

[5] PIERINO GALEONE, *Padre Pío, mi padre*, 56-57

Decía él mismo: *Soy feliz cuando sufro, y si consintiera los impulsos de mi corazón, le pediría a Jesús me diera todo el sufrimiento de los hombres.* Era un fraile de oración. Meditaba con frecuencia la Pasión de Cristo, recitaba jaculatorias que repetía por los pasillos, adoraba a Jesús Sacramentado, rezaba ante la imagen de María. Lo encontraban siempre rezando de rodillas y con los ojos arrasados en llantos.

En 1904 pidió ser enviado como misionero, pero su petición no fue aceptada. Él dirá que Dios le tendría reservada cosas mucho más difíciles: *Dios me reservaba para cosas más difíciles.* A pesar de esta negativa, nunca criticó la orden que le venía de arriba.

En enero de 1905, a los dos años aproximadamente de entrar en el seminario, experimentó un fenómeno místico llamado la bilocación. Al Padre Pío siempre se le ha conocido por bilocarse y estar en dos sitios al mismo tiempo. Fray Pío lo cuenta de la siguiente forma: *Hace días me pasó algo insospechado: Mientras me encontraba en el coro con Fray Atanasio, eran como las 23 horas del 18 de este mes cuando me encontré en una casa señorial donde moría un papá mientras nacía una niña. Se me apareció entonces la Santísima Virgen que me dijo: 'Te confío esta criatura, es una piedra preciosa en su estado bruto. Trabájala, límpiala, hazla lo más brillante posible, porque un día quiero usarla para adornarme...' Le contesté a la Virgen: '¿Cómo podría ser posible, si yo soy todavía un estudiante y no sé si un día podré tener la suerte y la alegría de ser sacerdote? Y aunque llegue a ser sacerdote, ¿cómo podré ocuparme de esta niña, viviendo yo tan lejos de aquí?' La Virgen me respondió: 'No dudes. Será ella quien irá a buscarte, pero antes la encontrarás en la Basílica de San Pedro en Roma'. Después de esto...me encontré otra vez en el coro*[6].

El episodio no termina aquí. Al final esta niña, cuyo padre estaba inscrito en la masonería, se encontró dieciocho años más tarde con el Padre Pío en la Basílica de San Pedro. Ella se confesó con él sin que ella lo supiese. Ella fue a darle las gracias por la confesión, pero el fraile ya no estaba en el confesionario. En una de las visitas de la joven a San Giovanni Rotondo, el mismo fraile le mostró su alegría al encontrarse de nuevo con ella. La joven le dijo con todo respeto que ella nunca le había visto, a lo que el Padre respondió, que él ya la conocía porque fue el año pasado a la Basílica de San Pedro y se vieron.

---

[6] ALESSANDRO DA RIPABOTONI, *Cireneo de todos*, 68 ss.

Desde ese momento, esta joven se convirtió en hija espiritual del Padre Pío.

El 27 de enero de 1907 profesó los votos perpetuos de manos de Raffaello da San Giovanni Rotondo. El 19 de diciembre de 1908 recibe las ordenes menores en Benevento. El 21 de diciembre se convierte en subdiácono en la misma ciudad. Y el 18 de julio de 1909 es ordenado diácono donde fue destinado, a la Iglesia Santa María de los Ángeles que está en Pietrelcina.

Él ya estaba allí porque el P. Agostino de San Marco in Lamis lo llevó allí debido a la enfermedad que tenía. Por el clima que allí había se encontraba mucho mejor de salud. El P. Raffaelle decía de él que tenía un comportamiento ejemplar, que era siempre muy mortificado y recogido en el silencio.

Ordenación sacerdotal

El 10 de agosto de 1910, Fray Pío, recibe el orden sacerdotal en la Catedral de Benevento por monseñor Paolo Schinosi. Fue un momento grande para el alma y la vida del fraile de Pietrelcina. Fue acompañado por su familia, su madre, su hermano Miguel, su esposa y sus tres hermanas. Su padre no pudo acudir a la celebración ya que se encontraba en Estados Unidos. El 14 de agosto celebró su primera Misa solemne en Pietrelcina. Ese día escribió un pequeño pensamiento que se convirtió en un pequeño programa de vida: *Jesús, mi anhelo y mi vida, hoy que trepidante, te elevo, en un misterio de amor, contigo sea yo para el mundo, camino, verdad y vida, y para ti sacerdote santo, victima perfecta*[7].

Toda su vida fue eso, una vida enamorada del Señor, entregada al Señor, identificado con él hasta en el momento de la cruz. En este pensamiento le eleva una súplica al Padre Celeste. Suplica ser para el mundo camino, verdad y vida.

---

7 ALESSANDRO DA RIPABOTONI, *Cireneo de todos,* 80

Estas tres palabras proféticas se han convertido en una realidad. Para muchas almas, Pío de Pietrelcina, ha sido el camino que han recorrido para ir al Señor. Muchos laicos y sacerdotes han sido rescatados y han encontrado unas huellas a recorrer para el cambio de vida y para volver de nuevo al amor primero. Este santo les ha guiado hasta la única Verdad que corresponde con lo que sus corazones deseaban. Como decía el Papa Benedicto XVI, el único que corresponde con lo que el corazón desea tiene un rostro concreto: Jesucristo. El Padre Pío les ha dicho de nuevo a cada uno *haced lo que Él os diga* (Jn 2, 1) y numerosos fieles han descubierto la belleza de la vida cristiana gracias a la vida de este santo que si uno se para a mirar no fue nada atrayente.

La única vida es la Vida que Cristo puede ofrecer. La única vida que responde a los interrogantes de cada uno y a lo que puede vivir en el día a día.

El ejemplo del amor al sacerdocio que tenía el Padre Pío se puede percibir cuando fue privado en 1923 del ejercicio de este. Un sufrimiento aterrador. Tanto es así que, en una ocasión, Fray Carlos nos cuenta a un grupo de personas que nos encontrábamos en la celda número 1, que se apareció en bilocación al papa Pio XI pidiéndole que no le prohibiera celebrar la Eucaristía. Como podemos ver, el Santo de los Estigmas se ha convertido en un sacerdote santo y en una víctima perfecta. Él se entregaba a Cristo en el sufrimiento y en la cruz para dar fruto. Su fruto es fruto de la ofrenda de su vida cada día al Padre. Él es un ejemplo para nuestras vidas. ¿Qué hacemos cuando nos encontramos en el dolor y en la cruz, en la incomprensión o en la soledad? Aceptaba su debilidad, su fragilidad y su sufrimiento como una oportunidad para unirse a su Señor y vivir en estrecha comunión con Él.

No siempre fue así. Conforme su edad iba avanzando, iba creciendo en sabiduría y en gracia. No fue fácil su vida. Día y noche era atacado y acechado por el demonio. El demonio no le dejaba en paz. Él dirá que, el mismo demonio, le quería a toda costa. Su fuerza era Jesucristo Eucaristía y la Virgen María.

Después de su ordenación sacerdotal, su salud empieza a debilitarse. Vuelven las fiebres y los males físicos. No pudiendo llevar una vida normal en el Convento.

Los superiores no tienen otra solución que mandarlo a su pueblo natal, a Pietrelcina, con la esperanza de que su salud mejorase. Y así era, su salud mejoraba. Cuando volvía al convento de nuevo su salud empeoraba. Allí estuvo siete años. No paraba de tener dolores de cabeza, soponcios, fiebres y dolores en el tórax. Él llegaba a decir: *El mayor problema en mi enfermedad era el hecho de que aparentemente yo no manifestaba problema alguno, por lo cual muchos dudaron de que yo efectivamente sufriera.*

Todo esto no le apartaba de su Señor. Podría culparle a Él como hace el hombre en muchas ocasiones, pero no lo hacía. Me sorprende lo que dice en su epistolario I: *Lo que más me aflige es que el enorme amor de Jesús yo lo correspondo con gran ingratitud. Él me quiere muchísimo y me estrecha cada vez más a Él. Ha olvidado mis pecados y se diría que se acuerda solo de su misericordia… cada mañana viene a mí y derrama en mi pobre corazón toda la efusión de su bondad.* Todo era para su bien y fruto del amor del Señor hacia él.

Otro de sus mayores dolores era no poder celebrar la Eucaristía cuando estaba enfermo en su celda. Él decía: *Aquello que más me aflige es el no poder celebrar, ni hartarme de las carnes del Divino Cordero.* Se percibe en sus escritos que él ruega a Jesús que no le prive del único consuelo que le queda sobre la tierra.

Un pensamiento que manifestó Padre Pío cuando estaba enfermo fue el siguiente: *En estos momentos, más que nunca, en el mundo todo me harta y me pesa, nada deseo excepto amar y sufrir.* Será el mismo P. Espiritual Benedetto de S. Marco in Lamis quien le diga algo que nos puede venir bien a nosotros escuchar: *Jesús quiere agitarte, sacudirte, azotarte y cribarte, como el grano, para que tu espíritu alcance la limpieza y la pureza que desea* (Ep I. 201). Él sigue diciendo: *Poco falta para que pierda la cabeza por la continua violencia que debo hacerme para no ceder al demonio que se esfuerza por arrancarme de las manos de Jesús.* (Ep. I, 209)

Un día, un hermano de la comunidad llamado P. Damaso de S. Elia a Pianisi, relata el siguiente hecho: *puse mi dedo sobre un pañuelo blanco, que fray Pío tenía a su lado y pensé en el don de lágrimas. Retiré mi dedo todo mojado porque el pañuelo estaba empapado de lágrimas. Esto es así hasta que enfermaron sus ojos.*

Le sucedía en la oración y en la comunión. Lloraba también por sus pecados y el de los hombres[8]. Este testigo nos manifestó otro de los dones que poseía. El don de lágrimas.

Durante su primer año de sacerdote, en 1911, no todo fueron espinas. Si le preguntáramos a él directamente nos diría que tendría momentos de luces y de sombras, de alegrías y momentos de tristeza. En una ocasión le confiesa a su director espiritual el P. Benedetto S. Marcos in Lamis que tiene en sus manos y en sus pies una mancha roja acompañada de un intenso dolor. Estos eran los primeros estigmas que no fueron visibles hasta el año 1918.

Años en Pietrelcina

¿Qué hizo el Padre Pío mientras permanecía en su pueblo natal? El periodo de siete años que estuvo en Pietrelcina comprende desde 1909 hasta 1916. En este tiempo estaba con su familia, se recuperaba en su salud, daba el catecismo, ayudaba al párroco en la parroquia, llevaba la dirección espiritual y compartía con las familias cercanas. Su lugar era la torreta. Una pequeña habitación que sus padres alquilaron porque en aquellos tiempos, la orden capuchina no permitía que pudiera vivir con sus padres en la casa. Este tiempo fue un tiempo de muchos combates espirituales y de muchas manifestaciones diabólicas. En la torreta tuvo muchas manifestaciones demoniacas. Estas manifestaciones eran duras, el demonio se le aparecía de muchas formas: de mujeres, del director espiritual, de los santos, del mismo Señor y de la Virgen María. ¿Cómo las vencía? Respondiendo la frase conocida: ¡Viva Jesús!

No eran solo los combates espirituales los que le dejaban agotado sino también tuvo grandes consuelos a través del llamado éxtasis. Muchos médicos confundían este fenómeno con la catalepsia. Esta es definida como un trastorno del sistema nervioso que se caracteriza por la inmovilidad y por la rigidez del cuerpo. Esto conlleva la pérdida de sensibilidad y la incapacidad para contraer los músculos de forma voluntaria.

---

[8] ALESSANDRO DA RIPABOTONI, *Cireneo de todos,* 62 ss.

Estos éxtasis podían durar tanto minutos como incluso horas. Solía tener los ojos abiertos y fijos. Su médico de cabecera dirá en el diario: *En el primero por pocos minutos, en el segundo una media hora. En el primero viéndolo con los ojos abiertos, fijos en lo alto, sin parpadear, prende una cerilla y lo detiene firme ante las pupilas, el P. Pio no advierte nada y el médico se pronuncia por la catalepsia.* Fue el P. Agostino quien dijo que no era catalepsia sino éxtasis. Por ello, el médico cambió el parecer y habló de fenómeno sobrenatural.

Es sorprendente y nos ayuda mucho a nosotros ver como el Padre Pío no quiere otra cosa que aceptar y abrazar la voluntad de Dios. Lo que Dios quería para él hoy: *hágase siempre de mí y en torno a mí, en todo y por todo la santísima y amabilísima voluntad de Dios.* (Ep I, 213). No quiere decir que siempre fuera fácil para él, a veces era duro y difícil: *la desesperación quiere invadirme, no es mi voluntad desagradar a Dios... el alma la voy a salvar al precio que sea y a Dios no quiero en absoluto ofenderlo* (Ep. I, 225)

En estos años fuera del convento se levantaron algunas envidias entre los hermanos de la comunidad. Muchos no veían bien que pasara tanto tiempo fuera del muro del claustro. Estos hermanos acudieron a sus superiores a quejarse. El demonio tenía también que crear la cizaña y la discordia en el convento. El Señor al final se pronunció y venció. Debido a estas quejas, el Superior General de la Orden, pidió a la Congregación para los religiosos la secularización del Padre Pío. La Congregación no escuchó esta solicitud que el superior le planteaba y le concedió al Padre Pío seguir viviendo fuera del convento hasta que se recuperara en su salud. En una ocasión tuvo una visión de San Francisco en la que en un diálogo con él se lamentaba: *Padre ahora me separas de tu Orden; por piedad antes que eso hazme morir...* San Francisco, en este diálogo le respondió que se quedaría en casa con el hábito hasta que el Señor decidiera. Su petición era: *Jesús, haz que obedezca a mis superiores.*

El 6 de noviembre de 1915, estando todavía en Pietrelcina, el Padre Pío es llamado al servicio militar. En el reconocimiento, uno de los médicos, le descubre la "tisis". Esto fue tomado con aceptación por el Padre Pio como si viniese de la voluntad de Dios: *dada directamente de las manos benditas del Padre celestial.* Por este motivo se le concedió un año de convalecencia para que se recuperara. Al final, la mano de Dios se imponía, debido a la enfermedad, los médicos le mandan a su casa a morir pronto. Tuvo "Broncoalveolitis doble".

San Giovanni Rotondo

El 17 de febrero de 1916 es trasladado a Foggia, al convento de Santa Ana. Allí, un día, uno de los hermanos del convento se lo encuentra tumbado en la cama con un rostro pálido. El Padre Paolino invitó al Padre Pío a visitar su convento en San Giovanni Rotondo. Allí le cogieron con mucha alegría. Pasó unos días de aire fresco que provenían de las montañas. Su salud mejoró muchísimo. En aquel entonces, San Giovanni Rotondo, no era como hoy. Era un pueblo pequeño. El convento estaba solitario. Allí Padre Pío rezaba, descansaba, dirigía almas, leía el Evangelio, confesaba...

El Padre Pierino Galeone nos cuenta como era la dirección espiritual de Padre Pío: *Su método no era trascendental sino simple y tradicional, nutrido de practicidad y desarrollado con experiencia, principios básicos pero fundamentales de vida cristiana, sugeridos e inculcados según las necesidades y la capacidad de cada alma. Invitaba a la oración y al sacrificio personal. Insistía en la meditación cotidiana y sobre la lectura espiritual. Recomendaba la oración mental. Meditar la Pasión con el rezo del vía crucis.*

Su llegada a San Giovanni Rotondo fue el 4 de septiembre de 1916. Él, que se encontraba en Foggia, le trasladan a San Giovanni Rotondo para evitarle el calor del verano y respirar aire fresco. Fue trasladado por un tiempo hasta su mejoría. Esto que era temporal se convirtió en 52 años.

A los dos años de estar en ese pequeño convento, recibió una gracia extraordinaria. Fue el 5 de agosto de 1918. Esta gracia se llama la transverberación que él lo define así: *Yo estaba escuchando las confesiones de los jóvenes la noche del 5 de agosto cuando, de repente, me asusté grandemente al ver con los ojos de mi mente a un visitante celestial que se apareció frente a mí. En su mano llevaba algo que parecía como una lanza larga de hierro, con una punta muy aguda. Parecía que salía fuego de la punta. Vi a la persona hundir la lanza violentamente en mi alma. Apenas pude quejarme y sentí como que me moría. Le dije al muchacho que saliera del confesionario, porque me sentía muy enfermo y no tenía fuerzas para continuar. Este martirio duró sin interrupción hasta la mañana del 7 de agosto.*

Desde ese día siento una gran aflicción y una herida en mi alma que está siempre abierta y me causa agonía[9].

Al mes siguiente de este hecho sucede lo que hizo "famoso" al Padre Pío: Los estigmas. Las cinco llagas de Cristo crucificado. Aquí se hace visible lo que durante años fueron invisibles. Recordemos que, en el año 1911, al año de ser ordenado sacerdote, el Señor le regaló por primera vez el don de los estigmas. El Padre Pío avergonzado suplicó al Señor que le desaparecieran los estigmas y así fue, le desapareció externamente pero no internamente. El dolor lo tenía permanente. Ahora se vuelven a hacer visibles. Esta vez durante 50 años. El Señor le dijo: *Te asocio a mi Pasión.* Él lo cuenta a su director espiritual de esta forma:

> *Era la mañana del 20 de septiembre de 1918. Yo estaba en el coro haciendo la oración de acción de gracias de la Misa y sentí poco a poco que me elevaba a una oración siempre más suave, de pronto una gran luz me deslumbró y se me apareció Cristo que sangraba por todas partes. De su cuerpo llagado salían rayos de luz que más bien parecían flechas que me herían los pies, las manos y el costado. Cuando volví en mí, me encontré en el suelo y llagado. Las manos, los pies y el costado me sangraban y me dolían hasta hacerme perder todas las fuerzas para levantarme. Me sentía morir, y hubiera muerto si el Señor no hubiera venido a sostenerme el corazón que sentía palpitar fuertemente en mi pecho. A gatas me arrastré hasta la celda. Me recosté y recé, miré otra vez mis llagas y lloré, elevando himnos de agradecimiento a Dios*[10].

¿Cómo eran estos estigmas? Francesco Castelli lo cuenta en su libro *La autobiografía secreta del Padre Pío.* Nos cuenta que eran heridas profundas en el centro de las manos, de los pies y en el costado izquierdo. Salía sangre viva de ambos lados.

---

9 ALESSANDRO DA RIPABOTONI, *Cireneo de todos,* 130 ss.

10 ALESSANDRO DA RIPABOTONI, *Cireneo de todos,* 134 ss.

Cuando muere el Padre en 1968, sus hermanos que recogen la ropa, se dan cuenta que en una camiseta interior había una mancha de sangre en la zona del hombro. Ésta no se conocía. En una ocasión el Cardenal Wojtyla le preguntó al Padre Pío cual era la llaga que más le dolía. El Padre Pío le respondió que la que más le dolía era la del hombro. Esta era la llaga del haber cargado con la cruz del mundo. No obstante, se pudo apreciar cuando exhumaron el cuerpo de Padre Pío que en el hombro había como una especie de curvatura.

Aquí empezó la cruz y el sufrimiento para el Padre Pío. La aparición de los estigmas fue una causa grande de sufrimiento. Para no alargar mucho la biografía debemos decir que el doctor Romanelli dijo que era de carácter sobrenatural, *la razón de su existencia está más allá de la ciencia humana.* Aquí comienza su martirio. La Santa Sede quiso intervenir también. Hay mucho que contar acerca del proceso jurídico que vivió Padre Pío, pero, si le preguntásemos a él, seguro que preferiría que hablásemos de su amor a la Iglesia y de cómo lo vivió, más que de indagar. Existen libros, como el anteriormente nombrado, en el que se puede conocer como fue el proceso canónico. Resaltar por ejemplo el informe positivo de Mons. Rossi a la Congregación: El Padre Pío es un Religiosos bueno. Que lo extraordinario de Padre Pío no se puede decir cómo se produce, pero si se puede afirmar que no es por influencia diabólica. La comunidad en la que vive es una buena comunidad, de buenas costumbres.

Ante este informe, el P. Agustín Gemelli, franciscano, doctor en medicina, pidió al Papa Pío XI, que era su amigo, acudir a examinar al Padre Pío. Le fue concedido y éste fue a visitarle. Al no tener permiso, el Padre Pío no le enseñó los estigmas ya que los superiores le habían manifestado claramente que no podía enseñar a nadie las llagas. Gemelli, enfadado por aquel acontecimiento, se marchó de San Giovanni Rotondo con la idea, que transmitió al Santo Oficio, de que los estigmas eran falsos y que él era un neurótico. Debido a esta falsa acusación hubo un decreto condenatorio donde se le prohibió las visitas, la dirección espiritual, la relación epistolar, la Eucaristía pública y las confesiones.

Haciendo un paréntesis, recuerdo la visita al "Sacellum". ¡Qué lugar más especial dentro del convento! Ahí estuvo recluido desde 1931 hasta el 1933.

¡Cuántas horas no pasaría ahí junto a su Señor! ¡Cuántas noches sin dormir! ¡Cuántas noches rezando y llorando! Lloraba, sí. Aceptar muchas veces la voluntad de Dios no era fácil. Todo esto le fue purificando en el amor a la Iglesia y al Señor.

El día 5 de octubre de 1925, cuando había terminado de celebrar la Misa y haber hecho las oportunas confesiones, se le observa que camina con fatiga debido a un dolor que tenía. Resultó ser una hernia irreducible con extensas adherencias entre la víscera herniada y la parte del saco herniario. Era una operación que tenía que hacerse. Se le comentó al Padre la importancia de hacerla, pero él se negaba porque no quería ser anestesiado. No quería ser operado porque sabía bien que aquellos que le interviniesen iban a ver sus estigmas y por orden de sus superiores tenía prohibido enseñar a nadie las llagas. Al final no se equivocó. Lo intervinieron. La operación duró una hora y tres cuartos. No le anestesiaron y debido al sufrimiento y al dolor que sufrió, en algún momento perdió el conocimiento momento que el doctor Festa aprovechó para examinarle las llagas.

El 3 de enero de 1929, la mama de Padre Pío, mama Peppa, partió a la casa del Padre. Murió a las 6.15 de la mañana de una pulmonía doble. Ella estaba en San Giovanni Rotondo para pasar las navidades junto con su hijo y estaba alojada en la casa de María Pyle. El Padre Lloraba mucho la muerte de su madre. Ciertamente era su madre. En un cierto momento le preguntaron: ¿Por qué llora si usted siempre nos dijo que el dolor era una expresión del amor? Padre Pio le responde: pues *esto es exactamente, lágrimas de amor y anda más que de amor.*

El 9 de enero de 1940, a tres amigos suyos, en la celda número 5, el Padre Pío les propuso la construcción de su obra más grande aquí en la tierra. La "Casa Solievo della Sofferenza". Un hospital que tuviera como fin curar y atender a los enfermos, pero no solamente físicamente sino también espiritualmente. Él veía la importancia no solo del cuerpo sino también del alma. La construcción era muy cara. El Padre Pío metiendo la mano en un bolsillo de su hábito, cogió una monedita de oro, que le donaron para sus obras de caridad y, dándola, dijo: *Quiero haceros yo el primer donativo para la Casa Alivio del Sufrimiento.* Muchos fueron los donativos que empezaron a llegar de todas las partes del mundo.

El 6 de mayo de 1947 se puso la primera piedra. Comenzaron las obras. El 11 de mayo de 1951, el Padre Pío, acudió a visitar el hospital y dijo: *en cada necesitado está Cristo.* Fue el 5 de mayo de 1956, cuando, delante una multitud de personas presentó a todo el mundo *la criatura de la providencia.* Más adelante se haría una segunda parte del hospital debido al número elevado de enfermos que acudían al hospital.

En el año 1948, llegó a San Giovanni Rotondo un sacerdote. Era D. Karol Wojtyla. Estuvo en la misa, se confesó con él y quedó impactado de aquella visita. Algunos afirman que el Padre Pío dijo a este joven sacerdote que sería Sumo Pontífice. Él mismo Karol Wojtyla, siendo ya Papa, negó esta afirmación que se difundió por muchísimos medios. No obstante, en el convento también se dice lo mismo.

No todo acaba aquí. El 13 de julio de 1960 se nombra a un nuevo visitador apostólico. De esta visita salieron una serie de disposiciones que lo que pretendía era parar a los fanáticos. Este visitador, llamado Mons. Carlo Maccari, en su informe, llamó al Padre Pío herético. Estas acusaciones que se manifestaban en el informe eran tan graves que fue otro visitador llamado Paul Philippe.

Éste empeoró la situación. Llamó al Padre Pío esta vez estafador. Fue Mons. Andrea Cesarano quien aclaró y salvó al Padre Pío de la suspensión a Divinis. Con todo ello nunca cesó el amor a la Iglesia. El dirá con amor profundo: *Dulce es la mano de la Iglesia también cuando golpea, porque es la mano de una madre.*

Una gran alegría llegó al convento de San Giovanni Rotondo y al Padre Pío. Fue elegido Pablo VI como Sumo Pontífice. Él tenía gran aprecio al Padre Pío y manifestó su voluntad de que el Padre pudiese desempeñar su ministerio con plena libertad. Así fue. La paz y la serenidad llegó al convento y al corazón del Padre Pío.

El 20 de septiembre de 1968, el Padre Pío, cumplía los 50 años de la aparición de los estigmas. Muchos peregrinos acudieron a celebrar con él la Santa Misa como hacía siempre pero ya con una diferencia. Ya no tenía los estigmas. Habían desaparecido. En su muerte se le cayó el último pedazo de costra que tenía. Estaban curados. Ya no necesitaba los estigmas. Su misión de sacerdote y víctima había terminado.

El día 22 de septiembre de 1968, a las 05.00 de la mañana, celebró su última Misa. La Iglesia, que él había mandado construir y que cuando la vio dijo que era una caja de cerillas, estaba llena. El Padre profetizó ciertamente que la medida de esa Iglesia no era suficiente para el número de gente que acudiría a ella. En esta última Misa estaba debilitado, pálido, le tenían que coger de los brazos, iba en silla de ruedas, estaba agotado físicamente, tanto es así que, en un momento, sufrió un desmayo. A las 10.30 de la mañana se asomó por última vez a la ventana de la Iglesia antigua. Saludó a todos aquellos miembros de los grupos de oración que habían acudido al primer congreso que se celebraba.

Llegó el momento de la noche. El Padre seguía muy enfermo, muy debilitado y cansado, le faltaba el aire. Pidió a un hermano que lo confesase y renovó los votos de la profesión perpetua. A uno de los hermanos que estaba con él le dijo: *hoy celebrarás la Misa por mí.*

Tomaré ahora algunos párrafos del testimonio del doctor Giovanni Scarde[11] quien asistió por última vez al Padre Pío. Nos cuenta el doctor, que era anestesista en la casa Solievo della Sofferenza, que el doctor Sala le pidió que le asistiera al Padre Pío porque no se encontraba bien. Necesitaba un respirador y una intubación traqueotómica. Eran las 02.00 del 23 de septiembre de 1968. El Padre Pio, cuando llegó el doctor, tenía ya puestos unos aerosoles. Estaba sentado en la poltrona porque en la cama no podía respirar bien. Le faltaba el aire. Con este motivo, suplicó a los hermanos, que le levantasen de la cama y le sentaran en una poltrona. Así fue. Le levantaron y lo colocaron. Poco a poco empezaba a bajar cabeza. Cansado y pálido. En sus labios no dejaba de decir: "Jesús, María". A la vez que lo decía no dejaba de desgranar su rosario con la mano derecha. Poco a poco su pulso iba cayendo, se iba debilitando. Iba inclinando la cabeza al lado izquierdo. A las 2.30 de la madrugada, el Padre Pío, en la poltrona, exhaló el espíritu y lo entregó a Aquel a quien tanto había amado. Los médicos hicieron la RCP, pero no hubo éxito. Se habían abierto las puertas del cielo. Triunfante y glorioso entró Aquel que no había negado nunca nada a la voluntad de Dios.

---

[11] Cf. Informe del Doctor Giovanni Scarde, fotografiado junto a la celda número 1 donde el Padre Pío exhaló el espíritu.

A partir de ese momento comenzaron los ritos fúnebres. Acudieron muchas personas desde todos los puntos del mundo a darle gracias y a pedir su intercesión. El 26 de septiembre se enterró en la cripta de la Iglesia dedicada a Nuestra Señora de las Gracias. El 2 de mayo de 1999 fue beatificado por el Papa Juan Pablo II, aquel con el que se había confesado en una ocasión y con el que había tenido contacto epistolar. En el año 2002, el 16 de junio, fue canonizado también por él mismo.

Cuando uno lee la vida del Padre Pío se puede percibir que todo ha sido una estrategia de Dios. Dios se ha servido de este pequeño pincel para poder pintar su precioso cuadro.

CAPÍTULO 2. UNA ESPIRITUALIDAD PARA HOY

No deja de sorprender todo lo que ha vivido el Padre Pío. Todo es una obra y una estrategia de Dios. En la debilidad se muestra la fuerza de Aquel que todo lo puede (Cf. 2 Cor 12). Si el Padre Pío pudo vivir todo lo vivido y sufrir todo sufrido, es gracias a una fuerza que no venía de él y a un amor apasionado por Jesucristo. Nosotros hemos resumido en breves líneas lo que él vivió en más de 50 años. Su amor a Jesucristo iba creciendo cada día. Hoy podríamos preguntarle que nos dijese cómo poder crecer cada día en ese amor a Jesucristo y en el amor a la Iglesia. Ésta es la espiritualidad que él nos transmite. Como diría el Papa Juan Pablo II, el Padre Pío nos transmite una espiritualidad para hoy[12], para ti y para mí. Si seguimos sus huellas nos llevará sin duda alguna a Aquel a quien tanto amó en la tierra. Los santos, una vez más, guían nuestros pasos hacia el cielo.

Hablemos de algunos aspectos de su espiritualidad.

1. Obediencia a la Palabra de Dios

En este apartado no quiero otra cosa que recordar que un cristiano solo puede vivir según los criterios evangélicos. Como diría el mismo San Francisco, vivir el Evangelio sin comentarios y sin glosas. Con radicalidad. En esto está la plenitud de la Vida y la nueva Vida que Cristo mismo nos enseña.

Cuando uno profundiza en la vida del Padre Pio no puede nunca dudar de que su vida no ha sido otra que la de luchar contra los criterios mundanos y vivir según los criterios Evangélicos. Él sabía perfectamente que la única vida que corresponde con lo que el corazón humano desea es la Vida que Cristo nos puede ofrecer.

---

[12] JUAN PABLO II, Homilía de la Canonización del Beato Padre Pío, 16 de junio 2002

El Padre Pío no dudó en transmitir y enseñar con sus palabras y obras a sus hijos espirituales que la única solución contra los criterios del mundo es, ser obedientes a la Palabra de Dios.

La Palabra de Dios está viva y es eficaz (cf. Hb 4, 12). Esta Palabra está viva porque puede cambiar el corazón, como así lo ha hecho en muchos santos. Además, es eficaz porque realiza aquello que dice. El cristiano si quiere vivir según los criterios Evangélicos debe conocer lo que Jesús nos comunica por medio de su Palabra. Muchos, ciertamente, conocen la escritura al dedillo. Pero aquello que el Padre Pio nos recuerda tantas veces es que no basta con saberlo de memoria, sino que debe ponerse siempre por obras. No solo con palabras sino también en las obras de cada día. Obedecer a la Palabra de Dios es desobedecer a la palabra del mundo. Es renunciar al mundo, a sus sugerencias y a sus concupiscencias. U obedeces a Dios u obedeces al mundo. No hay término medio. El Señor dice en la Escritura que no quiere término medio, que no quiere una vida tibia (Ap 3, 15). Y así es, o servimos a Dios o servimos al mundo. El Señor quiere decisión y que optemos por él. El Padre Pio nos enseña con su vida que poner en práctica la Palabra de Dios hará que nuestra fe, poco a poco, vaya perfeccionándose en el amor.

Si contemplamos imágenes del fraile podemos observar cómo dedicaba tiempo a la vida de oración. En alguna de ellas se le ve en adoración delante del sagrario. Ahí es donde, con humildad, delante de Jesús Sacramentado, e incluso en su propia celda cuando estaba enfermo, meditaba la Palabra para hacerla vida. Esta meditación le ayudaba a vivir todo lo que sufría, los ataques del enemigo. La Palabra meditada y contemplada le hacía vivir de una forma nueva y distinta los acontecimientos de cada día. Acontecimientos que no eran rosas, sino en muchas ocasiones, espinas. Esta era la que le impulsaba a seguir adelante cuando todo lo veía oscuro.

Leyendo las homilías del Padre Pierino Galeone, he encontrado unos fragmentos de una de ellas que nos refuerza lo anteriormente dicho. Dice así: *En el breve Evangelio de hoy, una mujer de la multitud levanta la voz mientras Jesús está hablando y le dice: "¡Bendito el vientre que te llevó y el pecho que te amamantó!". Jesús responde: "Dichosos más bien los que escuchan la Palabra de Dios y la cumplen" (Lc 11,27-28).*

Las palabras son claras, pero la práctica no lo es tanto: solo la observancia de la Palabra de Dios merece ser recompensada. La Palabra de Dios contiene a Dios, aceptar la Palabra de Dios es aceptar a Dios, no aceptarla es no aceptar a Dios. Qué hermoso es ver a los hijos de Dios, a los hijos de María y a nuestros hijos poniendo en práctica la Palabra de Dios, para que tengan a Jesús en su corazón y el alimento que viene de Él. ¡Serán bendecidos! Si pensáramos en esta afirmación de Jesús, nos apresuraríamos a aceptar y poner en práctica la Palabra de Dios. ¡Escuchemos este Evangelio con mucha humildad! El maligno es experto en disuadirnos de esta práctica que nos hace bienaventurados. "En el principio era el Verbo, y el Verbo estaba con Dios, y el Verbo era Dios" (Jn 1,1): en la Palabra de Dios está Dios, el pensamiento y el corazón de Dios. Donde está su Palabra, está también su Presencia. ¿Cómo es posible que el maligno sea tan hábil para convencer a tantos de que no la observen? ¿Qué valor le das a la Palabra de Dios? ¿Te das cuenta de que la Palabra de Dios no sólo te hace acoger a Dios, sino que también te hace bienaventurado? La observancia de la Palabra de Dios es fuente de bienaventuranza, pero sobre todo de santidad. He aquí los pensamientos fundamentales. Más que el vientre y el seno que llevaron al Señor -según el grito de la mujer-, es la práctica de la Palabra de Dios lo que hace bienaventurados. Dejarse envolver por la Palabra de Dios es dejarse envolver por la presencia de Jesús en el corazón, que así se alimenta y se hace bienaventurado y santo. Señor, escucha la oración de este buen pueblo, haz que cada uno de nosotros tome la firme y decidida resolución de observar la Palabra de Dios. Con esta observancia vienen muchos dones al corazón. El primero es la presencia de Dios, ¡y es mucha! El segundo es la bienaventuranza, es decir, la santidad. El tercero es la salvación eterna. Seríamos verdaderamente felices si observáramos la Palabra de Dios, porque es fuente de bienaventuranza, santidad y salvación para la vida venidera. Oremos, observemos y vivamos según lo que dijo Jesús, que es siempre real, concreto: no hay otro modo de amar la Palabra de Dios que, observándola, acogiendo toda la riqueza de sus dones, la santidad y la salvación eterna. Ánimo, creamos, hagamos esta explosión de voluntad en amar y seguir la Palabra de Dios, en creer en lo que producirá en nuestros corazones. Ánimo, ¡lo conseguiremos! (14-10-2023)

2. La oración: "Solo quiero ser un fraile que reza"

Así respondía el Padre Pío cuando le preguntaban: *Solo quiero ser un fraile que reza*. Y así fue, la vida de oración fue para el Santo la luz en el caminar. Decía Santa Teresa que la oración no era otra cosa que tratar de amor con Aquel que sabemos que nos ama. Nuestro fraile no dejaba de tratar en cada momento del día con Aquel a quien tanto amaba. Los testigos nunca le recuerdan sin rezar.

Ya desde muy pequeño en Pietrelcina hasta ya sacerdote en San Giovanni Rotondo, su vida y su persona eran oración. Su corazón, su mirada y su alma no estaba en la tierra sino en el cielo. Su vida era una oración. Mantenía la presencia de Dios en cada momento.

Su vida de intimidad con Jesús era clave. De otra forma no podemos entender cómo vivió esos momentos tan duros a los que se enfrentó a partir de 1918 con la aparición de los estigmas y en todo momento con los ataques del demonio. Su corazón y el de Jesús, podemos decir que, eran uno. Así nos lo ha relatado constantemente el Padre Píerino Galeone, sacerdote que compartió muchos momentos con el mismo Padre Pío. A veces se le confundía. No se sabía si era Jesús o él mismo.

Este fraile entendía bien la necesidad que tenemos de la oración. Era un hombre de fe que creía en un Dios personal, encarnado en Jesucristo, en la historia, un Dios cercano al hombre con el que se puede establecer una relación de amistad y de diálogo. Su fe iba creciendo en el amor, en su presencia. Toda su jornada no era otra cosa que vivir en la presencia de Dios. Por ello su vida era toda una oración viva.

En el Epistolario I, en una carta del 20 de noviembre de 1921, a su director espiritual dice: *"Dios para mi está siempre fijo en la mente y estampado en el corazón. Nunca lo pierdo de vista: me toca admirar su belleza, sus sonrisas, sus perturbaciones, sus misericordias, sus venganzas o mejor los rigores de su justicia" (Epist. I, 1247)*

En su momento de oración ante Jesús, nos relata, admiraba y disfrutaba de su belleza, de su sonrisa, sus perturbaciones, sus misericordias y nosotros, me pregunto yo, ¿Qué contemplamos cuando tenemos nuestro momento de intimidad con el Señor? ¿Gustamos la presencia de Dios en nuestras vidas? ¿Disfrutamos de que Dios se ha hecho cercano a mí y que camina a mi lado? Muchas veces nos pasa como a los discípulos de Emaús. Tanto estar metido en nuestras cosas, en nuestros problemas y dificultades que no nos damos cuenta de que Jesús camina a nuestro lado. Muchas veces, en otras muchas ocasiones, nuestro corazón arde como ardía el corazón del Padre Pío ante la presencia de un Dios tan bueno.

¡Cuántos testigos nos confirman las horas que pasaba Fray Pio en adoración delante de Jesús Eucaristía! Recuerdo en este preciso instante el Sacellum, capillita que está enfrente de la celda nº 5. ¡Cuántas horas pasaría allí, sufriendo, llorando, ofreciendo y agradeciendo! Ahí Jesús era su consuelo. ¿Dónde buscaba su refugio y su consuelo cuando más lo necesitaba? Aquel era quien podía dárselo, en Jesús vivo y presente en la Eucaristía.

Él mismo dirá el 17 de octubre de 1915 desde Pietrelcina: *En toda la mala temporada usted me encontrará delante a él (Jesús Sacramentado) desde las cuatro y media a las nueve y media más o menos; al día en todos los tiempos desde las 22.45 hasta alrededor del Ave María. Estos son los tiempos ordinarios; en el resto depende de las circunstancias" (Epist. I 678)*

Frente a Jesús se ofrecía como víctima y Hostia por la salvación de las almas, ofreciendo con confianza sus muchos padecimientos y sufrimientos por la salvación de los hombres. Este ofrecimiento fue tomado por el Señor. No le fue indiferente. Lo tomó, y tanto que, le identificó con Él por medio de los estigmas. Se convirtió en un crucificado sin cruz y en un cireneo del mismo Jesús. Este pobre fraile se convirtió en aquel que ayudaría a Jesús a cargar con la cruz del mundo. San Juan Pablo II en la homilía de Canonización dice: *En toda su existencia, buscó siempre una mayor conformidad con el Crucificado, teniendo una conciencia muy clara de haber sido llamado a colaborar de manera peculiar con la obra de la redención. Sin esta referencia constante a la Cruz, no se puede comprender su santidad*[13].

Todo esto surge, emerge y brota de una vida intensa de oración. Una oración que le unía a Él. Todos los momentos de oración le configuraba con su Señor. El oficio divino, los salmos, el Evangelio y los innumerables rosarios iban transformando y moldeando el corazón del Padre Pío. De tal forma que, como él mismo dirá, *ya no soy yo es Cristo quien vive en mí* (Gal. 2, 20).

En una ocasión inició un diario en el que explicaba cuáles eran sus oraciones cotidianas. Esto fue el 21 de julio de 1929. Con humildad decía:

---

[13] JUAN PABLO II, *Homilía de Canonización del Padre Pío de Pietrelcina,* 16 de junio de 2002

No menos de cuatro horas de meditación, y esto de ordinario sobre la vida de nuestro Señor, su Nacimiento, Pasión y Muerte. Novenas: a la Virgen de Pompeya, a S. José, a San Miguel Arcángel, a San Antonio, al Padre San Francisco, al Corazón de Jesús, a Santa Rita, a Santa Teresa de Jesús. También no menos de 5 rosarios enteros al día. (Epistolario IV, 915)

Un día, nos cuenta el Padre Pío, que no podía dormir. Esto era muy natural en él. El Padre Pierino nos contaba que comía, bebía y dormía muy poco[14]. En esta ocasión, en la noche del 2 al 3 de julio de 1948, el Padre Pío se acostó y no podía dormir. Estuvo hasta las 04.00 de la mañana rezando hasta ocho rosarios de unos quince misterios cada uno. En un momento dijo: *Yo perdí por no dormir, pero las almas del purgatorio ganaron con ello.* ¡Cuántas almas del purgatorio no salieron esa noche con la oración constante del pobre fraile!

El Padre sabía perfectamente la necesidad que tenemos de estar con Jesús en la oración. El hombre necesita estar con el Señor. Necesita descansar en Él. La oración del Padre Pío era muy completa. Comprendía momentos de súplica, de adoración, de alabanza, de agradecimiento y sobre todo de reparación. Él quería reparar y expiar. Poner su amor donde no había sido puesto. Como decía San Francisco de Asís, el Amor no es amado. El Padre Pío quiso amar aquí por aquellos que en la tierra no le amaron.

Todo esto no era nada fácil, ni en la vida del fraile, ni en nuestra propia vida. Una de las cosas que nos recuerda el Padre Pierino es que una de las estrategias que usa el demonio para debilitarnos es hacer que perdamos las gracias sobrenaturales que recibimos de las manos de Jesús. Poco a poco Satanás hará que desaparezca en nuestra vida la meditación personal, la Eucaristía, la confesión y las obras de piedad. Perdiendo esto, él tendrá más posibilidad de intervenir. Lo que más fastidia al demonio es la meditación y el rezo del rosario. Por ello no va a parar hasta hacer que descuidemos las dos cosas. El mismo Padre Pío dirá: *"Esta es utilísima (la oración) para salvarse y necesaria para iniciar el camino de la santificación. Quien reza y reza bien no puede permanecer mucho tiempo en pecado grave, o se abandona la meditación o se renuncia al pecado".*

---

[14] Cf. PIERINO GALEONE, *Padre Pio, mi Padre*, Editorial SdS

Así es, continúa diciendo:

Quien no medita, poco o mucho, termina por perder la dirección natural de la vida y por eso existen tantos hombres que viven en el pecado.

En el libro *Cireneo de todos* se narra cómo era el método que utilizaba en la dirección espiritual[15]. Era una dirección muy natural. Invitaba a la meditación cotidiana. El momento más apropiado es la mañana, al principio de la jornada porque el espíritu está menos distraído y más fresco. En la noche, después de rezar la corona, el Rosario. Así la mañana nos prepararemos para el combate y por la noche para purificar nuestra alma de todo apego terrenal que hayamos podido adquirir. El lugar mejor, recomienda el Padre Pío, sea la Iglesia, en el Sagrario porque la presencia real del Amigo favorece el coloquio, pero también puede ser el campo, la montaña o en la habitación. Importante las lecturas espirituales ya que estimulan la virtud. ¡Cómo no meditar la Pasión y el viacrucis! Él mismo dirá: *mi único libro es el crucifijo*. Realizar constantes ejercicios de piedad como puede ser el Rosario y el ayuno. Leer y meditar el Evangelio y cartas de San Pablo. Por todo ello es importante la dirección espiritual, la confesión y la Sagrada Comunión.

Continúo con algunas perlas que he sacado de algunos escritos acerca de la oración que nos pueden ayudar a comprender aquello que siente en el corazón el padre Pío.

Reza, espera y no te preocupes. La preocupación es inútil. Dios es misericordioso y escuchará tu oración...

La oración es la mejor arma que tenemos; es la llave al corazón de Dios. Debes hablarle a Jesús, no solo con tus labios sino con tu corazón. En realidad, en algunas ocasiones debes hablarle solo con el corazón...

Lo que más me aflige es que el enorme amor de Jesús yo lo correspondo con gran ingratitud... Él me quiere muchísimo y me estrecha cada vez más a él. Ha olvidado mi pecado, y se diría que se acuerda sólo de su misericordia... Cada mañana viene a mí y derrama en mi pobre corazón toda la efusión de su bondad.

---

[15] Cf. PADRE PIERINO GALEONE, *Padre Pío, mi padre,* 114-120

¿Qué consejos nos transmite para nuestra oración o meditación personal de cada día?

> *Tu oración será más agradable al buen Dios si surge de un corazón contrito, humillado y sufriente.*

> *El cristiano debe poner ante sus ojos con frecuencia los libros santos para sacar de aquellos los defectos que debe corregir y las virtudes con las que debe engalanarse para complacer la mirada de su Dios.*

> *Estad alerta y fortifiquémonos siempre con la oración.*

> *La oración requiere constancia y perseverancia, especialmente cuando no estamos bien dispuestos. Dios recompensa la voluntad, no el sentimiento.*

> *Es necesario que perseveres con mucha paciencia en este santo ejercicio y que te contentes con avanzar paso a paso hasta que no te veas en disposición de correr, o mejor aún de emprender el vuelo.*

Una cosa que siempre solemos preguntar es ¿Qué pasa cuando nos distraemos? El mismo Padre Pío responde: *Cuando os distraigáis en la oración, no aumentes la dispersión entreteniendo en averiguar el porqué y el cómo. Haced como el caminante extraviado que apenas repara en que se ha equivocado de ruta, busca de inmediato la verdadera. Así vosotros proseguid con la oración sin entreteneros con las distracciones.*

¡Cuántos consejos podemos tomar de la experiencia y de la vida del Padre!

> *Procurad hacer oración mental, meditación y habitualmente sobre la Pasión y muerte de Jesús.*

> *Nada de perturbarte cuando no puedas meditar ni atender a todas tus prácticas piadosas. En esos momentos busca la manera de suplir tus devociones manteniéndote unido a nuestro Señor con una voluntad amorosa, con jaculatorias y comuniones espirituales.*

Cuando te canses de meditar, harás bien en recitar jaculatorias y otras oraciones vocales, o en hacer actos de amor, de humildad y de conformidad con el querer divino.

Pedidle a Dios la gracia de hacer bien la oración mental y encomendaos a la intercesión de la Santísima Virgen y a la de toda la corte celestial.

Jamás me cansaré de acudir a Dios.

En una ocasión, el Padre Pío, iba caminado y le dijeron: *"Padre, rece por mí"* y él automáticamente respondió: *"Yo rezo por ti pero tú también debes de rezar por ti"*. ¡Qué importante es ser consciente de esto! Muchas veces me he encontrado con personas que afirman que rezar por uno mismo es una actitud un tanto egoísta. Yo siempre les respondo lo mismo. Si uno descubriese cómo es y cómo está su corazón, no dejaría de gritar a Dios desde el fondo de su corazón. Yo, como me conozco, necesito rezar al Señor para que me ayude. Necesitamos mucho la oración, por eso constantemente rezo por mí y por mi fidelidad.

Su oración al Ángel de la guarda era constante. Rezaba frecuentemente la siguiente oración: *Ángel del Señor, que eres mi custodio, puesto que la Providencia Soberana me encomendó a ti, ilumíname, guárdame, rígeme y gobiérname en este día.* Tal es así que en una ocasión le dijo al Padre Pierino[16]: *"Cuando tengas necesidad de cualquier cosa, mándame al Ángel del Señor y yo te responderé"*. Y en el testimonio mismo que envió a la curia diocesana para el proceso de beatificación del padre Pío nos narra un ejemplo que le sucedió a él mismo: *Una mañana, una mamá llorando se acercó a mí de prisa, antes de la Santa Misa, para que le encomendara a su hijo. El Padre, mientras, ya había llegado al altar y no conseguí hablar con él. Conmovido por las lágrimas de la madre y animado por la invitación del Padre Pío, durante la Santa Misa, por primera vez, le mandé al Ángel de la Guarda. Recité la oración Ángel de Dios y entregué el mensaje al Ángel de la Guarda. Terminada la Misa, después de haber besado la mano del Padre, me acerqué con discreción y le encomendé con afecto a aquel mismo muchacho. El Padre Pío me respondió: «Hijo mío, ¡ya me lo has dicho!».*

---

[16] PIERINO GALEONE, *Padre Pío, mi Padre,* 14 ss.

Un fraile que reza… Así ha sido toda la vida del fraile de los estigmas.

A pesar de que se le conoce por los estigmas, no podemos dejar pasar que su vida era una continua oración. Él dice así: *"En cuanto me pongo a rezar, inmediatamente siento que mi alma comienza a recogerse en una paz y tranquilidad de no poderse experimentar con palabras. Los sentidos permanecen suspendidos, a excepción del oído, el cual algunas veces no vienen suspendidos, pero ordinariamente este sentido no me da fastidio y debo confesar que, aunque a mi entorno se hiciese un grandísimo ruido, no por esto lograría molestarme mínimamente"* (Epist. I. 420)

Es por ello que era un ejemplo y un maestro de oración. Nos enseña en el epistolario, en las direcciones espirituales que realizaba y en las homilías, que cuando rezásemos lo hiciéramos como Jesús nos enseña en el Evangelio, siempre sin desfallecer. En una carta a María Gargani del 16 de septiembre de 1916, Padre Pío, como un maestro de escuela primaria, o mejor como una madre de frente al niño que comienza a hablar, enseña a meditar, explicando detalladamente varios puntos de oración mental. Su método comprende ocho momentos: La preparación del argumento (oración), el meterse en la presencia de Dios, la petición de la gracia que quiero obtener para meditar bien, la meditación verdadera es realmente consistente en el profundizar en el misterio predefinido, propuestas, suplicas, el ofrecimiento a Dios de la meditación completa y el examen de conciencia sobre cómo se ha meditado.

3. La Virgen María: La mamita del cielo

Amad a la Virgen y hacedla amar

En este apartado incluiré un artículo que escribí desde Costa Rica en el año 2023 para hablar a la comunidad de Asociados de los Siervos del Sufrimiento.

María sea la estrella que ilumine tu senda: te muestre el camino seguro para llegar al Padre del cielo; sea como el ancla a la que te debes sujetar cada vez más estrechamente en el tiempo de la prueba" (Epist. II, 373) Estas fueron las palabras que dirigió el Padre Pío a Raffaelina Cerase el día 25 de mayo de 1915. Un pensamiento que nos regaló además a cada uno de nosotros en el día de su cumpleaños.

María en la vida del Padre Pío ha tenido siempre un papel fundamental. Para él María era su "mamita del cielo". Toda su vida la ha tenido como el centro de su vida y de su corazón. Ha confiado y se ha abandonado a ella sabiendo que siempre le llevaría al mismo Jesús. Él mismo, en un pensamiento, dirá: *Si no hubiera fe los hombres te llamarían diosa. Tus ojos resplandecen más que el sol, eres hermosa, Madre, me glorío, ¡Te quiero!*[17]

María era el lugar de su refugio y su consuelo. Padre Pío, en su vida terrena, pasó por diversos momentos de sufrimiento y de desierto. El lugar donde buscaba su "Betania" era en María. Como dicen las letanías Lauretanas, María, para el Santo de los estigmas, era el consuelo de los afligidos. Él sabía perfectamente que no podíamos ser cristianos auténticos y verdaderos sin el amor maternal de la Virgen María en la vida. Como dice el Papa Francisco: *Un cristiano está huérfano sin la Virgen María como madre.*

A lo largo de toda su vida, el Padre Pío, escribía en estampas diversos pensamientos acerca de la Virgen María. Pensamientos que escribía a sus hijos espirituales y a aquellos que le pedían alguna palabra acerca de la Reina del Cielo. Uno de estos escritos encontrados es el que indica que, en medio del desierto de la vida, María es la luz del camino: *María sea la estrella que ilumine tus pasos a través del desierto de la vida y te conduzca sana y salva al puerto de la salvación eterna*[18].

El Padre Pío, en su epistolario, siempre nos ha invitado a vivir un amor profundo a la Madre de Dios. Un afecto filial verdadero y autentico. Él mismo nos dirá: *Recemos juntos para que Dios nos conceda la gracia de amar a María… ¡Amad a la Virgen y hacedla amar!*[19]

María es mi madre y la tuya que nunca se cansa de esperar. Muchos hijos, e incluso nosotros alguna vez, nos hemos apartado del amor de María.

---

[17] Buenos días, Mes de mayo nº 3.

[18] Buenos días, Mes de mayo nº 4.

Ella no se ha cansado nunca de esperar, como una madre espera a que su hijo vuelva al camino, ella, como Madre se desvive cada día por cada uno de sus hijos.

Al igual que el discípulo amado la recibió en su casa, la tomó como cosa y posesión suya, nosotros miremos a María y dejémosla que entre en la intimidad del corazón para que, al igual que su hijo Jesús, haga todo nuevo en nuestra vida.

Las palabras humanas son pobres y pequeñas para narrar como es María, como es el corazón de esta madre que cuida y está pendiente de sus hijos. Son tantas cosas las que podemos hablar de ella, pero no tendríamos espacio para meditar y reflexionar.

Al igual que el Padre Pío, si tuviera que resumir a María con una palabra, diría que María es Ternura. Forgione dirá: *«María te mire siempre con ternura materna, alivie el peso de este destierro y un día te muestre a Jesús en la plenitud de su gloria, librándote para siempre del miedo a perderlo»*. La ternura de esta madre alivia siempre los pesos de este valle de lágrimas.

¿Qué tendrá María que a tantas personas atrae? ¡Cuántos Santuarios llenos de personas que buscan el consuelo, el alivio y el amor de la Madre del Cielo! Y es que debemos decir que, donde está ella, ya nada es igual. Ella es tierna madre de dulzura sin igual. Tiene un regazo maternal al que el pueblo acude a pedir su protección y su gracia.

Que gran acierto tuvo Jesús en darnos a su madre. Dios la eligió y la predestinó para una vocación grande, ser la madre y dar a luz al Salvador del Mundo. Ella un día dijo "sí" y en sus entrañas purísimas se formó el Rey de reyes y Salvador del mundo. Este plan de Dios no era solo para ella sino para el mundo entero. De su "sí" confiado, el Padre Pío, dijo su "sí" al plan que Dios tenía preparado para él.

María, fiándose en el anuncio del Ángel, incluso cuando no comprendía lo que estaba pasando, dejó que la voluntad de Dios se hiciera presente en el mundo. Esto nos tiene que llevar a pensar ¿yo me fío de la voluntad de Dios sobre mí? ¿me fío de ella incluso cuando no entiendo qué es lo que quiere Dios de mí en los acontecimientos de la vida? ¿Me creo que, cuando viene el dolor, el sufrimiento y la incomprensión, Dios tiene un plan perfecto para mí?

Como María no dejes de decir nunca: *Fiat mihi secundum verbum tuum.*

María, la madre del Cielo, es la madre de Jesús y madre nuestra. Él mismo nos la entregó a los pies de la cruz. Ahí entrego Juan a su madre y a su madre a Juan. Desde ese momento María se convierte no sólo en la madre de Dios sino en mi propia madre, mi madre celestial. Ella nos acompaña con su amor y cariño. Hace que vivamos las situaciones de la vida de una forma distinta. Ella es la madre buena que está pendiente de sus hijos. Y, como madre nuestra que es, sufre por su Hijo en la cruz y con sus hijos de la tierra. Me viene a la mente un pensamiento que dice: *María convierta en gozo todos los dolores de tu vida.*

¿Cuándo sufre María? Cuando nuestro corazón no descansa en la verdad sino en la mentira, en las cosas mundanas que prometen dar la verdadera vida pero que dejan el corazón vacío. Sufre cuando no hacemos el bien, cuando no queremos salir del pecado, cuando estamos en el pecado, cuando ofendemos a sus hijos. Hemos visto en muchas apariciones, como la Virgen derrama lágrimas incluso de amor por sus hijos. Se preocupa por sus hijos, siempre está cerca de los que la invocan con corazón sincero. Perfectamente sabe que el hombre ha nacido para vivir la vida en plenitud. Por eso sufre y llora cuando vivimos por el mundo y para el mundo con sus criterios.

María, como madre, intercede ante su Hijo y obtiene para nosotros las gracias que necesitamos. Miremos el Evangelio de las Bodas de Caná. María fue invitada y, después de ver que les faltaba el vino, intercedió por el matrimonio. Está pendiente siempre de que no nos falte aquello que más necesitamos. Conoce bien cuales son nuestras cruces y nuestros sufrimientos. Sabe cuándo nos falta la alegría, cuando pasamos por la noche del dolor y de la oscuridad. Cuando quieras pedir algo a Jesús, hazlo por medio de María. Jesús nunca negará nada a su madre. No somos conscientes de lo que puede hacer María en el silencio…

El Padre Pío sufría mucho por sus enfermedades, por los desplantes de algunos de sus hermanos, por las investigaciones de la Santa Sede, por las apariciones del Demonio e incluso un sufrimiento más se añadió en septiembre de 1910 cuando le aparecen por primera vez los estigmas.

La vergüenza y el dolor se juntaban en su corazón. En esos momentos fray Pío acudía a María donde buscaba el consuelo, el alivio y la paz en el corazón en medio de sus pruebas y sufrimientos. Aquí aparece María en la vida del Santo como consoladora. A nosotros también aparece María en nuestras vidas a través del consuelo. Nos consuela cuando sufrimos las consecuencias del pecado, en medio del dolor, de la enfermedad y de la incomprensión. Nos ayuda y consuela cuando queremos salir de nuestros pecados y no podemos, cuando vivimos en la soledad de la noche... Ella, nos recuerda que, aunque caminemos por cañadas oscuras, no tenemos nada que temer porque nos acompaña incluso en los momentos de la cruz. Al igual que estuvo a los pies de la cruz de su Hijo, María nos acompaña en nuestra propia cruz.

La Virgen, en el Evangelio, se nos presenta como una buena consejera espiritual. Al igual que el Santo de los Estigmas nos remite a Cristo con su palabra y con su vida, María, la Madre de Dios nos dirige a Él diciendo: *Haced lo que Él os diga.* Eso es lo que hizo San Pío. Su única regla de vida fue vivir el Evangelio con radicalidad y sin comentarios. Ella confió en la Palabra del Ángel a pesar de que no entendía lo que estaba sucediendo. Padre Pío, al igual que María, hizo su entrega y oblación a Cristo y aceptó todo lo que venía de Él con auténtica confianza y abandono. Esto nos enseña a nosotros que, incluso cuando no entendamos las cosas que suceden en nuestra vida, no tenemos, sino que aceptar, abrazar y ofrecer estas situaciones o acontecimientos que se nos presentan. También incluso cuando no entendamos el porqué de ellas. No podemos dejar de pensar que todo es para el bien de aquellos que le aman. El mismo Padre Pío nos recordará que con María las cruces se convertirán en rosas.

¿Dónde encontrar refugio sino en María, en la mamita del cielo? Cuando desfallezco ella me sostiene, cuando sufro ella besa mi frente y me acaricia, cuando estoy cansado y agobiado ella se convierte en nuestro descanso, cuando lloro ella me seca las lágrimas, cuando paso por la cruz, por la incomprensión, la duda o la oscuridad, ella es mi refugio y tu refugio.

Cuando contemplamos los ojos misericordiosos de esta Madre Santa, nuestro corazón se conmueve y brota de él un gran agradecimiento por su *Fiat.*

Hoy tenemos la posibilidad de vivir una vida nueva aquí en la tierra y, en el cielo, poder alcanzar la vida eterna. Esto es así porque María dijo "Sí, hágase en mí". Padre Pío nos invita siempre a vivir con agradecimiento a nuestra Madre Celeste. Dice así: *Seamos inmensamente gratos a la Virgen. ¡Ella nos dio a Jesús!*

Por último, miremos a la cruz del Señor y a María, a los pies. ¿Para quién sería la última mirada en la cruz? ¿A quién se le aparecerá primero Jesús en el momento de la Resurrección? ¡A María, su Madre! ¿Cuántas veces en nuestra vida no hemos pasado por el sufrimiento de la cruz, que es la síntesis, de todo sufrimiento humano? A los pies de nuestra cruz no estamos solos, aunque parezca que lo estamos. Aunque no veamos el rostro de Jesús y no sintamos sus palabras en el corazón, la Virgen, nuestra Madre, está a nuestro lado siendo la madre que consuela y enjuga las lágrimas de nuestro corazón. Padre Pío nos recuerda que no tenemos que bajarnos de la cruz, en ella está la salvación y la vida: *Permaneced como la Virgen, al pie de la Cruz, y seréis consolados. Ni siquiera allí María se sentía abandonada. Por el contrario, su Hijo la amó aún más por sus sufrimientos.* Y así es, permanezcamos unidos a Jesús en la Cruz. Como le sucede a María, así nos sucederá a nosotros, no nos sentiremos solos sino consolados por el amor tierno de una madre y el corazón ardiente y palpitante de un Señor que nos da la vida cada día por medio de la Cruz.

La mamita del cielo

No podemos dudar del amor apasionado del Padre Pío por la Madre Celeste, por la madre del cielo. Él, no solo lo decía con la palabra, sino también con los hechos. Vemos que no era un vago afecto o un sentimiento pasajero. María era su madre, maestra y confidente, como hemos podido ver anteriormente. No había día que no se encomendara a ella ni se consagrase.

Ya desde pequeño tenía gran afecto por la Virgen de la Libera en Pietrelcina. Pasaba a la Iglesia y la saludaba con afecto y devoción. Al igual que cuando pasaba por la Porta Madonella la dirigía un saludo con una oración. En ella había treinta azulejos. Una de las imágenes es la Virgen María coronada encima de un árbol con dos campesinos y dos bueyes.

Ahí reunía a muchas personas para rezar el santo Rosario y cuando era el mes de mayo decía: *Quisiera tener una voz muy fuerte para invitar a los pecadores de todo el mundo a Amar a Nuestra Señora. Pero como esto no está en mi poder, siempre le rezo a mi Angelito para cumplir esta labor por mí.*

En 1901, cuando Francesco contaba con catorce años, fue a visitar el Santuario de Nuestra Señora del Rosario de Pompeya.

El 6 de mayo de 1913, ya en el convento y siendo sacerdote, escribe al P. Agustín, su director espiritual, el siguiente pensamiento: *Esta Madre tan tierna, en su gran misericordia, sabiduría y bondad ha querido verter en mi corazón tantas y tales gracias. que, cuando me hallo en su presencia y en la de Jesús, me siento estrechamente unido y ligado al Hijo por medio de esta Madre!*

El Padre Pío amaba el mes de mayo, le llamaba "el mes de la hermosa mamita". Era frecuente que el Padre Pío escribiese breves y bellos pensamientos de diferente temática a su director espiritual. En ellos nos ha quedado el verdadero testamento de su espiritualidad. El 1 de mayo de 1912, escribe a su padre espiritual, el Padre Agostino, otro bello pensamiento mariano: *¡oh el hermoso mes de mayo! El más bonito del año. Sí, padre mío ¡este mes nos recuerda muy bien las dulzuras y la belleza de María! Pensando en los muchos beneficios que me ha hecho esta querida Mamita, tengo vergüenza de mí mismo por no haberla amado y servido lo bastante: en cambio, a sus cuidados afectuosos he respondido con ingratitudes.*

En otro pensamiento vuelve a recalcar acerca del mes de mayo: *El mes de mayo para mí es el mes de las gracias y este año espero recibir dos: que me recoja consigo para no seguir viendo esas caras feas (demonios); la otra, usted la conoce. Quisiera tener una voz poderosa para invitar a todos los pecadores del mundo a amar a la Virgen.*

Su amor a María no lo mostraba solo con las novenas y consagraciones que realizaba frecuentemente. Él nos ha enseñado un arma poderosa contra los ataques del maligno. Este instrumento es el Rosario. Con él, María, derrama muchas gracias de conversión al corazón. Son las perlas de cada Ave María la que nos va acercando al Cielo. El Padre Pío era un enamorado del Rosario. Con esta oración rezaba con el Evangelio los misterios de gozo, de dolor y de gloria. Rezar el Rosario para él era estar en una constante contemplación de Jesús.

Esta es la oración de los humildes, de los sencillos de corazón, de los pequeños los cuales nos habla el Evangelio. Esta bella oración la rezaba frecuentemente. Los testigos relatan que solía rezar entre quince y veinte rosarios enteros. En aquel entonces solo se rezaban los tres momentos del Rosario, los gozosos, los dolorosos y los gloriosos.

En una ocasión, nos contó el Padre Pierino, que le preguntaron: *Padre cuando rezo el rosario tengo sueño, pero me esfuerzo por no dormirme; el Padre le responde ¡ese es el Rosario más bello! Donde hay más esfuerzo hay más amor.*

El amor y el esfuerzo van unidos. El esfuerzo por realizar una determinada cosa muestra el amor hacia la persona por la cual se hace el esfuerzo.

¡Cuántas cosas ponía en las manos de la Virgen! ¡Cuántos sacrificios! Todo por amor. El mismo dirá que no sabe cómo agradecerle "por tales gracias singularísimas".

El 21 de julio de 1913, escribe al padre espiritual Benedetto: *Le pido el permiso de abstenerme de la fruta el miércoles en honor de la Virgen* y el mismo 6 de enero de 1917 le pedirá también el permiso para ayunar dos veces al mes, una en honor de la Virgen y la otra en honor de San Antonio.

Un sacerdote, que convivió con él nos cuenta: *Su amor a la Virgen era muy grande. Recuerdo que una vez le pedimos a Padre Pío, en la fiesta de la Asunción, un pensamiento sobre la Virgen para ese día. Se le iluminó el rostro y sollozando nos dijo: Hijos míos amemos a la Virgen. Ella (y aquí se emocionó) es nuestra Madre. También nosotros nos pusimos a llorar, confundidos y humillados ante a tanto amor.*

También un día Cleonice Morcaldi, su hija espiritual, le preguntó a Padre Pío: – *Padre, ¿la Virgen viene uno que otro día a su celda? – Mejor dile - contestó Padre Pío- si algún día no viene…*

Una tarde el Padre Pío estaba en la cama y le asistía su sobrino Mario. El tío le dijo: Mario, tráeme el arma. El sobrino buscó por aquí y por allá en la celda, sobre la mesa, en el cajón. Pero tío, dijo el sobrino, no encuentro ninguna arma. Le dijo el Padre Pío: Mira en el bolsillo de mi hábito.

El sobrino hurgó en el amplio bolsillo, y nada. Le dijo: Tío está sólo la corona del Rosario. Rápidamente respondió: Tonto, ¿no es esa el arma? Fue la Virgen quien se le apareció en sueños y le dijo: "Toma esta arma".

Podemos ver y apreciar como el Padre Pio era, como así le llamaban sus hermanos, "El Rosario viviente". Era un enamorado: *¿hay oración más bella que aquella que nos enseñó Ella misma? Rezad siempre el rosario".*

Algunos textos sobre la Virgen María del libro BUENOS DÍAS

Cuando se pasa ante una imagen de la Virgen hay que decir: "Te saludo, María. Saluda a Jesús de mi parte".

Escucha, Madrecita: yo te quiero mucho más que a todas las criaturas de la tierra y del cielo... después de Jesús, naturalmente...; pero te quiero mucho.

Madrecita hermosa, Madrecita querida, eres bella. Si no existiera la fe, los hombres te llamarían diosa. Tus ojos son más resplandecientes que el sol; eres bella, Madrecita; yo me glorío de ello, te amo, ¡ah!, ayúdame.

María sea la estrella que os ilumine la senda, os muestre el camino seguro para llegar al Padre del cielo; sea como el ancla a la que os debéis sujetar cada vez más estrechamente en el tiempo de la prueba.

María sea la razón única de tu existencia y te guíe al puerto seguro de la salvación eterna. Sea para ti dulce modelo e inspiradora en la virtud de la santa humildad.

La Virgen clemente y piadosa continúe alcanzándoos de la inefable bondad del Señor la fuerza para sobrellevar hasta el final tantas pruebas de amor como os concede. Yo os deseo que lleguéis a morir con Jesús en la cruz y que podáis exclamar en él dulcemente: "Se ha cumplido".

Oh María, madre dulcísima de los sacerdotes, mediadora y dispensadora de todas las gracias: desde lo íntimo de mi corazón te ruego y te suplico encarecidamente que hoy, mañana y siempre des gracias a Jesús, el fruto bendito de tu vientre.

La humanidad quiere su parte. También María, la Madre de Jesús, sabía que, por medio de la muerte de su Hijo, se realizaba la redención del género humano, y sin embargo también ella ha llorado y sufrido; y ¡cuánto ha sufrido!

María convierta en gozo todos los dolores de tu vida.

4. El sacrificio de la misa: El cielo en la tierra[20]

¿Cuál era el centro de la vida y de la jornada del Padre Pío? La Eucaristía. Todo lo que vivía, las actividades que hacía estaban en torno a la Eucaristía. De ahí alimentaba el resto de las actividades que realizaba. Se levantaba muy tempano para prepararse para el acontecimiento más importante de la jornada. Aproximadamente se levantaba sobre las 3.30 y se preparaba con la oración para tener una buena disposición del corazón y así celebrar la Eucaristía. Le preguntaron un día: *Padre cuando se retira a la celda después de las oraciones ¿Que hace? Seguir rezando y sufriendo. Usted duerme poco ¿qué hace durante la noche? La voluntad de Dios.* Ya desde el día anterior se preparaba con la oración, el sufrimiento y la voluntad de Dios.

Él reconocía y sabía que éste es el Sacramento del amor por excelencia. Donde Jesús se nos entrega en cuerpo, sangre, alma y divinidad. Quedaba extasiado cuando contemplaba la hostia consagrada porque reconocía en ella al mismo Cristo que "le amó y se entregó por él" (Cf. Ga 2, 16)

¡Que regalo nos hizo el Señor la noche del jueves Santo! La Eucaristía es el encuentro gratuito y generoso de Dios con el hombre. Es el pan vivo que ha bajado del cielo (Jn 6, 51) para quedarse en medio de nosotros.

Necesitamos vivir de la Eucaristía. Es el alimento del amor que nos santifica. Nos hace presencia de Dios en medio del mundo. El Padre Pío decía que la comunión es el gran medio dado por Dios para permanecer en el camino de la perfección y conquistar así la santidad.

---

[20] En este capítulo he tomado textos del libro de NELIO CASTELLO, *El Padre Pío nos enseña*, Ediciones La Casa Sollievo della Sofferenza.

Por ello es importante preguntarnos y hacer un examen de nuestra conciencia: ¿Cómo vivo yo la Eucaristía? ¿Cuál es la actitud de mi corazón ante ella? ¿Cómo celebro el encuentro con Jesús Eucaristía?

La Santa Misa celebrada por el Padre Pío sigue siendo hoy en día un misterio. Nos cuenta el Padre Pierino que en ella había un intercambio entre Jesús y el mismo Padre Pío.

Una mañana el Padre celebraba la Santa Misa en el altar mayor de la iglesia pequeña y yo le ayudaba. En la Comunión me encontraba a la derecha; arrodillándome en la grada del altar, esperaba mi turno. Tomada la comunión a aquél que estaba a mi lado, el Padre Pío se puso delante de mí y, tomando entre los dedos la partícula, la miraba con tanta intensidad que la tuvo por un buen tiempo sostenida, elevada un poco sobre la píxide. Los momentos de espera me obligaron a mirar atentamente cada movimiento del Padre, pero, para mi sorpresa, vi claramente cambiar su semblante en el de Jesús. Era de estatura normal, en hábitos sacerdotales, ojos serenos, voz dulce, labios con un gesto de sonrisa. Vi mover esa mano, antes inmóvil, que tenía entre los dedos la partícula, acercarse lentamente a mi boca. Mirando los ojos, abrí la boca y tomé la partícula: todavía su semblante era el de Jesús. Después bajé la cabeza, cerrando los ojos en recogimiento. Pero, a causa de la alegría y de la sorpresa, los volví a abrir poco a poco con la esperanza de unir el gozo de la vista de Jesús y la delicia de su presencia sacramental, sin distraerme. En cambio, al volver a abrir los ojos, vi a Padre Pío retomar su semblante con simplicidad y seguir adelante con naturalidad. Ninguno se dio cuenta, porque ninguno me dijo nada. Al Padre, sólo un simple gracias de mi parte entrecruzando con su sonrisa. Así terminó[21].

¡Cuánta gente se ha convertido en sus celebraciones! Cuentan que por una petición del Papa Pío XII, después de la liberación de Roma, miles de soldados americanos recibieron autorización para asistir a la misa del Padre Pío. Estos soldados no quedaron indiferentes. Muchos de ellos cambiaron la vida y se convirtieron.

La Eucaristía, el Padre Pío, la vivía de una forma íntima y secreta. Nadie sabía, nada más que Dios y él, lo que pasaba en su corazón en esos momentos. Guardaba los secretos del Rey.

---

[21] PIERINO GALEONE, *Padre Pío, mi Padre*, 80

Él vivía la Eucaristía como un Viernes Santo. Él decía que en cada Misa celebrada se hacía presente el Viernes Santo, el Calvario: *¿Padre ¿qué debo leer en su Santa Misa?* Él respondió: *Todo el Calvario.*

Con mucha humildad y sencillez celebraba todos los días la Santa Misa. Solía hacerlo por las mañanas y acompañado siempre de dos hermanos. El tiempo de la Misa solía ser de dos horas aproximadamente Los que acudían a la celebración solían revivir la Pasión de Cristo. Su sufrimiento era grande. Un día le preguntaron: *Padre ¿a qué hora del día es más intenso su sufrimiento?* Le responde: *Durante la celebración de la Santa Misa, en especial desde la consagración a la comunión.*

En el Sacellum, la capillita donde celebraba la Misa los años en los que tuvo prohibido celebrar públicamente, la Misas solían durar algunas horas. Fray Carlos, un fraile que estaba destinado en San Giovanni Rotondo, nos contaba que los frailes que le asistían tenían que estar rotando frecuentemente porque ellos mismos tenían sus quehaceres.

Nunca ponía tiempo a la Eucaristía. Cuando había alguien que miraba el reloj rápidamente decía que en el calvario no existía hora. El Padre Pío celebraba la Misa como si fuera su primera Misa, su única Misa o su última Misa. A veces su rostro se transfiguraba y no se sabía quién era, si Jesús o si Padre Pío. El Padre Pierino Galeone en el libro publicado nos cuenta: *Una mañana al recibir la Santa Comunión, el Padre Pío cambió su apariencia: me pareció ver a Jesús con vestiduras sacerdotales. Otra mañana, mientras Padre Pío confesaba en la sacristía de la Iglesia antigua, vi a Lucifer y de nuevo vi al Padre Pío bajo la apariencia de Jesús.*

A propósito de esto, un día, le preguntaron al Padre: *Padre, dígame todo lo que sufre celebrando la Santa Misa.* Él con humildad le respondió: *Todo los que sufrió Jesús en su Pasión, de otro modo lo sufro también yo en la medida que le es posible a una criatura humana. Esto sin mérito alguno por mi parte, solo gracias a su bondad.* También se le preguntó si la Santísima Virgen María estaba presente durante la Misa. El respondió*: Si, ella se pone a su lado, pero yo la puedo ver, qué alegría".*

Demos ahora unas pinceladas de como vivía algunos momentos de la Eucaristía. Antes de comenzar quiero hacer mención a aquello que él vivía durante el sacrificio divino.

Le preguntaron en una ocasión: *Padre, durante el sacrificio divino ¿Carga usted con nuestras iniquidades?* El Padre le responde: *No puede ser de otra manera, pues forma parte del sacrificio divino*[22].

En los ritos iniciales, como todo sacerdote llegaba al altar a celebrar el Santo Sacrificio del Altar. Uno de los fieles que estaba allí le dijo: *He visto que usted subía temblando las gradas del altar. ¿Por qué? ¿Por lo que iba a sufrir?* El Padre le respondió: *no por lo que iba a sufrir, sino por lo que iba a ofrecer.*

El Padre va con la conciencia del ofrecimiento no sólo de su vida sino del ofrecimiento de toda la iniquidad del mundo. Es Cristo quien se entrega como en el calvario por la salvación de todos los hombres. Sucede lo que sucedió aquel viernes Santo. Derramaría su sangre por cada uno de nosotros. El momento en el que podemos nosotros ofrecer toda nuestra vida, nuestras dificultades, cruces y tentaciones es el momento de la presentación del pan y el vino. Es en el momento en el que la gota de agua se junta junto al vino. Ahí se une nuestra humanidad, nuestra vida, nuestras debilidades y nuestras cruces.

En el momento de la Liturgia de la Palabra, el Padre, leía con gran devoción la lectura y el Evangelio. La Palabra de Dios le enternecía el corazón de tal forma que a veces no podía ni siquiera contener las lágrimas. Reconocía que era Dios quien le estaba hablando, quien está hablando al hombre. Al hombre, pequeña criatura, el Rey de Reyes y Señor de Señores, estaba dirigiendo su Palabra. Una Palabra que da vida y transforma, una palabra que sana y que enseña a vivir la verdadera vida. ¡Cómo no va a conmoverse al escuchar que el mismo Dios se estaba dirigiendo a él!

Uno de los hijos espirituales le pregunta: *¿Padre por qué llora casi siempre al leer el Evangelio de la Misa?* Él, con la humildad de siempre le responde: *¿Te parece poco que Dios converse con sus criaturas? ¿y que estas le contraríen? ¿y que no dejen de herirlo con su ingratitud y su incredulidad?*

En el momento de la presentación del pan y del vino sucede algo maravilloso.

---

[22] PIERINO GALEONE, *Padre Pío, mi Padre*, 20

El mismo padre Pío nos lo explica: *¿Padre, porqué llora en el ofertorio? ¿Quieres arrancarme el secreto? Pues bien, es el momento en que el alma queda separada de todo lo profano.*

En este momento tan sencillo, cuando ofrecemos nuestro corazón, nuestra vida, nuestra jornada, nuestros sufrimientos, es el momento en el que nuestro corazón se separa de lo profano, de lo mundano para poner el corazón solamente en lo divino, en lo que va a suceder por medio de la Consagración.

El momento de la Consagración, cuando el pan y el vino se convierten en el Cuerpo y la Sangre de Cristo, sucede el encuentro entre lo divino y la criatura humana. Las dos miradas se juntan en una. Cuando el Padre Pío elevaba el Cuerpo de Cristo se quedaba inmóvil contemplando tal misterio por largos minutos. A veces estos minutos se hacían interminables.

Como bien sabemos, esto, no era muy querido por las autoridades eclesiásticas. Una de las cosas que le dijeron era que la Eucaristía no podía durar tanto tiempo. Le animaban a que durase lo que le dura a un sacerdote normal. De hecho, en una ocasión le preguntaron el por qué tanto tiempo dedicado a la Consagración. Él respondió: *¿acaso existe un tiempo determinado para rezarle al Señor?* Una de las cosas por las que más sufría era el ver como los sacerdotes celebraban la Eucaristía como auténticos "carniceros". Así se lo manifestó Jesús en una visión.

Según algunos escritos, se nos relata, que era en la Consagración donde él más sufría. También le preguntaron para arrancarle una respuesta: *¿Por qué sufre tanto en la Consagración?* Él le responde: *Porque allí precisamente es donde se verifica una nueva y admirable destrucción y creación.*

Llega el momento de la Sagrada Comunión. Ahí también nos explica que es lo que sucede en nosotros: *Que las almas se unen para siempre como dos cirios que se funden. Ya nadie puede separarlos.*

Ciertamente es así, para siempre, para toda la eternidad, ahí es donde se hace presente la alianza de amor entre Dios y su criatura.

Muchas veces me he preguntado cuando veía al Padre Pío en alguna foto rezar, qué es lo que le estaría diciendo a Jesús dentro de su corazón. En una ocasión vi cómo esto mismo se lo preguntaron directamente a él: *¿Qué le pide a Jesús cuando le recibe en la comunión? Que sea también yo otro Jesús, todo Jesús, siempre Jesús.*

En muchas ocasiones, en la dirección espiritual, el Padre Pío ha hablado de la Eucaristía a sus hijos. He aquí un fragmento de una de las cartas a sus hijos espirituales: *Mientras que todos los días puedas recibir a Jesús sacramentado, debes considerarte afortunado. Durante el día, cuando no puedas hacer otra cosa, llama a Jesús, en el medio de tus ocupaciones, con gemido resignado de tu alma, y El vendrá, quedará siempre unido al alma por medio de Su gracia y Su santo amor. Vuela con tu espíritu hacia el tabernáculo, cuando no puedas llegar con tu cuerpo, y desahoga allí tus deseos más ardientes, habla, reza, abraza al dialecto de las almas mejor aún que si lo pudieras recibir sacramentalmente*[23].

En este fragmento invita a tres cosas: la Comunión frecuente, la Comunión espiritual y la adoración Eucarística.

La Comunión frecuente

Como hemos visto anteriormente, para el Padre Pío, la Eucaristía era el centro de su vida y su jornada. Recuerda que quien recibe a Jesús cada día debe sentirse afortunado. No podía hacer otra cosa que invitar a sus hijos a recibir al Señor Eucaristía con frecuencia. En la carta del 26 de enero de 1919 dice: *Me pides si es útil y buena cosa aplicar por los vivos el santo sacrificio de la Misa. Respondo, si, utilísimo y santísima cosa hacerse aplicar el sacrificio de la Misa mientras se es peregrino sobre esta tierra y nos ayudará a hacer vivir santamente, y a extinguir las deudas contraídas con la justicia divina y a rendirse siempre más benigno al dulcísimo Señor.*

Incluso en una de sus cartas da alguna recomendación para la Misa:

> *Asistiendo a la Misa estate pendiente del alzarte, en el arrodillarte, en el ponerte sentado, debes cumplir devotamente estos actos de devoción.*

---

[23] Epist. III, 448

Se modesto en las miradas, no gires la cabeza de aquí para allá para ver quién entra y quien sale, no reír por reverencia al lugar santo y también para los que están cerca de ti... Si rezas en común pronuncia las palabras de la oración, haz bien las pausas y no adelantarte nunca (EP. III, P. 86).

¡Qué importante es vivir una celebración Eucarística con atención y devoción! En estas palabras vemos el amor y el cuidado que tenía en y por las cosas de Dios.

La Comunión espiritual

Un alma que es Eucarística debe sentir siempre una necesidad grande de recibir la Santa Eucaristía. El alma Eucarística se asombra de saber que Jesús está presente en Cuerpo, Sangre, Alma y Divinidad en medio de nosotros. Siente la necesidad de recibirle siempre y en todo momento. Ciertamente, es verdad, que no siempre uno puede recibir este Santo alimento o solamente puede recibirlo físicamente una vez al día. Por eso, dentro de este amor, surge el deseo de realizar la Comunión espiritual. Este es un medio que puede repetirse siempre y en cualquier momento. Es un deseo íntimo y profundo de recibir al Señor en el corazón. Al no poderlo recibir sacramentalmente, nosotros, manifestamos al Señor, con una oración, que queremos y deseamos recibirlo vivamente.

Dice Padre Pio en una carta del 10 de julio de 1917: *No te inquietes cuando no puedes meditar, no puedes comunicarte y no puedes atender a todas las practicas devotas. Busca en este tiempo suplir diversamente manteniéndote unida al Señor con una voluntad amorosa, con las oraciones, jaculatorias y con las Comuniones espirituales.*

Es una forma de mantenernos unidos al Señor como el Padre Pío indica.

Adoración Eucarística

En alguna ocasión hemos visto al Padre Pío como dedicaba a estar tiempo delante del Santísimo Sacramento. Incluso, ya desde pequeño, nos cuentan, lo hacía también en su Iglesita en Pietrelcina.

Quedaba con el sacristán de la parroquia para tener momentos de oración con Jesús Eucaristía. Siempre y en todo momento, el centro de la vida espiritual de Padre Pío ha sido Jesús Sacramentado. Ambos se miraban cara a cara.

¡Cuántas horas no pasaría en el *Sacellum* durante la noche y el día cuando estuvo recluido durante varios años en el convento! Nos contaba Fray Carlos, a un grupo de Siervos del Sufrimiento que fuimos a visitar esta pequeña capilla que, el Padre Pío, sufría a veces de insomnio y como no podía dormir se iba a estar con Jesús en el Sagrario en esta pequeña capillita.

En una carta del 25 de julio de 1915 nos invita a la adoración: *entra en la Iglesia en silencio y con gran respeto, teniéndote indigno de ponerte delante de la majestad del Señor. Apenas estés delante del Dios sacramentado haz devotamente la genuflexión. Encontrado el puesto, arrodíllate y rinde a Jesús Sacramentado el tributo de tu oración y de tu adoración.*

Si contemplamos cara a cara a Jesús, si dejamos que Él nos mire y nosotros le miramos a Él, nuestra vida espiritual crecerá en el amor. Jesús, en esta adoración puede darnos las gracias que necesitamos, puede limpiar nuestra mirada y darnos una mirada limpia que pueda ver al mundo y a los demás con los ojos de Dios.

Nosotros, que vivimos en el mundo, necesitamos hacer Adoración frecuente para poder alejarnos de las cosas mundanas y de la forma de vida mundana que el mundo nos ofrece cada día. Cuanto más cerca de Jesús estemos más lejos del mundo estaremos, cuanto más cerca del mundo estemos, más lejos del Jesús estaremos. Así, poco a poco, el afecto de nuestro corazón se irá apegando a Jesús, quitaremos los afectos al mundo seductor y dejaremos que Jesús llene nuestra vida y nuestro corazón. Solo Jesús es el único que puede llenar nuestro corazón y dar sentido a aquello que vivimos.

Con la Adoración, Cristo, irá transformando nuestro corazón, lo irá moldeando y lo hará según su voluntad. Por eso es necesario estar tiempo y tiempo ante el Sagrario. Que el Sagrario nunca esté abandonado. Que nuestra presencia ante Él sea un consuelo para nosotros y un alivio para Él por todos los sacrilegios que las personas cometen.

Algunos textos de la Eucaristía que puedan ayudarnos:

Al Padre Agustín el 3 de diciembre de 1912: *A veces me pregunto si es posible que haya almas que no se sientan abrasar de amor divino cuando se encuentran ante Jesús Sacramentado. Esto a mí me parece imposible, si sobre todo si se trata de sacerdotes o de religiosos.* (Epist.I, 317)

Al Padre Agustín: *Ayer en la festividad de San José, solo Dios sabe las dulzuras que experimenté sobre todo después de la Misa, tan intensas que las siento todavía en mí. La cabeza y el corazón me ardían, pero era un fuego que me hacía bien. La boca sentía toda la dulzura de aquellas carnes inmaculadas del Hijo de Dios (…) ¡Cómo me colma de gozo Jesús! ¡Qué suave es su espíritu! Pero yo me aturdo y no sé hacer otra cosa que llorar y repetir. ¡Jesús, alimento mío!* (Epist.I,266)

A María Gargani escribió en Julio de 1917: *Yo pienso que la Santísima Eucaristía es el gran medio para aspirar a la santa perfección; pero es preciso recibirla con el deseo y con el compromiso de eliminar del corazón todo lo que desagrada a quien queremos recibir.* (Epist.III,282)

5. Un mártir del Sacramento de la misericordia

El Padre Pierino Galeone, en una ocasión, cuando daba una tanda de Ejercicios Espirituales a sacerdotes de lengua hispana, dijo una cosa que me llamó mucho la atención: *No profanéis el sacramento de la misericordia.* Ciertamente serían palabras que habría escuchado de una forma directa del mismo Padre Pío.

Que importante fueron estas palabras para mí. Yo ahí entendí como estaba viviendo el Sacramento del Perdón. Debo decir que, delante de Dios, me di cuenta que no sabía confesarme. Quien me enseñó realmente fue el Padre Pierino el día en el que me confesé con él la primera vez. Después profundizaremos mucho más en este tema tan importante porque muchas veces acudimos al Sacramento de la penitencia y no sabemos confesarnos. Lo confundimos con una dirección espiritual o lo utilizamos para comulgar una única vez en alguna celebración especial. El Sacramento del Perdón es mucho más.

¿Por qué el Padre Pío era considerado un mártir del Sacramento de la penitencia? No podemos ocultar que la mayor parte de su ministerio sacerdotal lo dedicó a desatar los nudos del pecado en las personas que acudían a él en el confesionario. No se cansó nunca de recibir a personas, de escucharlas y absolverlas de sus pecados. En una carta del 3 de junio de 1919 a su director espiritual, el Padre Benedecto, manifestaba lo siguiente: *No dispongo ni de un minuto libre; todo el tiempo lo dedico a liberar a los humanos de las garras de Satanás. Vienen aquí innumerables almas de toda clase social, de ambos sexos, con el único objeto de confesarse* (Epist.I).

No paraba ni un solo instante, pasaba largas horas en el confesionario. Solía confesar después de la Misa. A los hombres en la sacristía y a las mujeres en la Iglesia. Decía que daba mucha más preferencia a los hombres porque ellos estaban más necesitados del Sacramento de la Confesión. Las mujeres, nos cuentan los testigos, hacían fila para confesarse desde las dos de la mañana. Tanto era que tenía que venir hasta la policía a dirigir a las multitudes. Algunos, para no perder el turno, dormían incluso sobre la tierra de los campos que había alrededor del convento. Muchos hombres y mujeres acudían a recibir la misericordia del Señor a través de un pobre instrumento.

¿Qué estaba pasando en San Giovanni Rotondo? ¿Qué estaba sucediendo? ¿un fraile? Cuando le aparecieron los estigmas gran número de peregrinos acudían a ver al Padre Pío. Muchos pedían oraciones, otros consultaban dudas espirituales, otros consultaban a cerca de sus familiares y otros muchos se confesaban con él.

Que algo estaba pasando era claro. Tanto era el personal que acudía a él que las autoridades se preguntaban sobre la doctrina que enseñaba. Para saberlo le metieron hasta micrófonos en el confesionario. El Padre Pierino Galeone nos lo explica así:

> *Una tarde, en la primera quincena de Julio de 1960, en el pasillo de la portería, vi a aquel mismo sacerdote, a un padre capuchino y a un fraile que se ocupaban, con sospecha, de alargar rollos de cable eléctrico. «¿Qué hacen?», pregunté. El padre capuchino girándose hacia el sacerdote dijo: «Podemos decirlo... Pierino es de los nuestros». El sacerdote: «Es mejor no decirlo. Quizás...». Permanecí mirando a los hombres y las cosas. El padre capuchino, en cambio, continuó:*

«Estamos colocando estos cables hasta el interior del confesionario del Padre para conservar en la historia los consejos que da a las almas». «¿Y el secreto de confesión?», Pregunté. «Tenemos todos los permisos de Roma. Sin autorización, no nos lo hubiéramos permitido nunca», rápidamente aclaró el padre capuchino. El día después me fui de San Giovanni Rotondo. Después de algunos meses me enteré del escándalo de los micrófonos. No sé cuáles eran las sospechas que habían tenido los frailes, lo cierto es que a mi alrededor no soplaba el viento desde hacía tiempo. Atribuía el hecho a la natural tensión que la Visita Apostólica había llevado al convento, en la Iglesia, en la Casa "Alivio del sufrimiento" y en otras partes[24]

Muchos acusaban al Padre Pío de ser incluso una persona severa en las confesiones. Se había corrido la voz de que solía expulsar a la gente del confesionario. Hemos de decir que ciertamente era severo, pero no con la persona que acudía con un corazón bien dispuesto sino con los curiosos, hipócritas y mentirosos. No podemos dudar que, sin embargo, era un padre amoroso y compasivo con aquello que de verdad iban arrepentidos. Muchos acudían a ver el espectáculo de San Giovanni Rotondo y pocos buscaban la conversión del corazón. El Padre Pierino nos narra: *En el confesionario era juez, maestro, médico y especialmente Padre.*

La confesión, al igual que para los cristianos, era muy importante para el Padre Pío. No se la tomaba en broma. Era la forma, decía él, de desatar a las almas de los lazos de Satanás como hemos visto anteriormente. A muchos los recibía y a otros los mandaba a venir más adelante porque no estaban preparados para realizar la confesión. Él, como padre, quería que los que acudían a él fueran con un corazón arrepentido, con dolor de haber ofendido a Dios. Solo quien acudía así podía poner de nuevo el corazón en Dios y hacer el propósito de la enmienda.

El pecado destruye el corazón del hombre. El pecado afecta en la relación con uno mismo, con Dios, con la Iglesia y con los hermanos. El pequeño Francesco, ya desde pequeño, odiaba el pecado, todo aquello que le apartaba de Dios.

---

[24] PADRE PIERINO GALEONE, *Padre Pío, mi Padre*, 81

El Sacramento de la confesión es el abrazo del Padre al hijo como en la parábola del Hijo Pródigo. Una confesión bien hecha sana el corazón y sana las heridas. Un día me dijo el Padre Pierino en la confesión que Jesús perdonaba, olvidaba y regeneraba.

¿Qué nos dice el Padre Pío que es necesario para poder hacer una buena confesión? Algo tan sencillo como recordar lo que la Iglesia ha dicho siempre. Una confesión es válida y no sacrílega cuando vamos al sacerdote con un corazón arrepentido y con el propósito de la enmienda. Muchas veces acudimos a la confesión sólo para quitar una suciedad corporal y así poder hacer la comunión con tranquilidad. Un pensamiento del Padre Pio con referencia a esto dice así: *A muchos de éstos que bajo hipócritas apariencias, me traicionan con comuniones sacrílegas, despreciando las luces y las fuerzas que contiguamente les regalo*[25]

¿Por qué me confieso yo? ¿por dolor de haber ofendido a un Dios tan bueno? ¿por cargo de conciencia? ¿para que otros me vean que comulgo? ¿porque quiero cambiar mi vida? Por ello Padre Pio expulsaba del confesionario, porque no había arrepentimiento ni deseo de cambiar de vida. Muchas veces el demonio nos confunde. Cuidado donde ponemos el corazón. Si lo ponemos en el cargo de conciencia lo estaremos poniendo sobre nosotros mismos y llegaremos a decir: *otra vez he vuelto a caer, yo no valgo para esto, esto es imposible*. Estos pensamientos no son de Dios. Sin embargo, si lo ponemos en el arrepentimiento lo pondremos en el dolor de haber ofendido a Dios. Esto es lo que Dios quiere. Junto a esto, el propósito de enmienda. Es decir, la voluntad de no volver a querer pecar. De huir de las ocasiones de peligro.

Debemos tener mucho cuidado con la superficialidad en el Sacramento de la confesión. ¿Cómo hago las confesiones? ¿oculto algo? ¿digo las cosas con superficialidad? ¿Qué busco con el Sacramento? ¿lo hago con amor o mecánicamente? El Padre Pío veía el fondo del corazón, veía la intención con la que los que acudían a él hacían las cosas. Cuando él observaba que no había arrepentimiento ni propósito de enmienda, solía tratar, a esa alma, con dureza.

---

[25] Epist. I, 341

Esto para él no era nada fácil, vivía una agonía cuando el Señor le pedía tratar con dureza a un alma, pero esta era la forma para que el penitente se diera cuenta de la importancia del Sacramento de la confesión que busca no solo algo superficial sino el perdón de los pecados, una vida nueva, la conversión. Este don de leer el corazón le hacía decir *es mejor ser reprochado por un hombre que ser reprochado por Dios.*

Ciertamente, el Padre Pío, cuando uno acudía a confesarse con él, sabía aquello que el penitente llevaba en su corazón. Cuando éste se olvidaba de algo él mismo se lo recordaba. En algunas ocasiones era él quien hacía las preguntas a las que el penitente solo tenía que responder. A pesar de que el padre conocía a la persona, algunas cosas se quedaban en el tintero de la persona que acudía. Él, para que hiciera una buena confesión, se quedaba en silencio y esperaba a que el penitente abriera su corazón y contase los pecados que el padre esperaba. Al final, cuando lo contaba, acaba diciendo: *"esto es lo que esperaba"*.

No es fácil muchas veces hacer una buena confesión. Uno tiene que ponerse delante de Jesús para que nos conceda, por medio del Espíritu Santo, el conocimiento de los pecados, el arrepentimiento de haberle ofendido y el propósito de enmienda. Cuando es así, cuando el Señor concede este don, el corazón se llena de inmensa alegría y gozo. Surge una serenidad que solo puede brotar del amor de Dios. Una paz que solo Dios con su abrazo misericordioso puede dar. Uno que hace una buena confesión, me decía el Padre Pierino una vez en la confesión, siente en su corazón paz, serenidad y el yugo se hace llevadero. Por eso, es necesario que recemos mucho con ese tema. Tenemos que aprender el valor único de la confesión. El hombre entrega su miseria y recibe el abrazo, la misericordia. Sólo puede recibirse ésta si la hacemos como él quiere que la hagamos, con el dolor de haberle ofendido y con un deseo profundo del corazón de huir para siempre de las ocasiones de pecado.

Quisiera terminar con un breve pensamiento que nos dio el Padre Pierino cuando dictaba el "pensierino", dice así: *El Señor perdona, abraza y hace fiesta.*

Corramos confiadamente al tribunal de la penitencia donde Él, con anhelo del Padre, nos aguarda siempre[26].

Ni con el pensamiento ni en la confesión hay que recordar las culpas ya manifestadas en confesiones anteriores[27]

A muchos de éstos que bajo hipócritas apariencias, me traicionan con Comuniones sacrílegas, despreciando las luces y las fuerzas que contiguamente les regalo[28]

¡En la confesión solo absuelve Dios! ¡Si no te sientes culpable... si te absuelves a ti mismo..., si no te sientes pecador... vete de aquí de una vez y no vengas a tentar la paciencia de nadie!

6. El apóstol de la alegría

No quería dejar pasar este apartado dentro del capítulo de la espiritualidad. Un aspecto importante es este también, la alegría. Siempre se ha dibujado al Padre Pío con cara de enfado. Al igual muchos, cuando hablan sobre él, hablan acerca de su fuerte carácter y por tanto de su rostro triste, molesto y enojado.

Si leemos sus escritos, no solo nos hablará de la alegría, como estado y como sentimiento, sino que también lo pondrá en práctica con obras en su vida. Conozcamos qué es lo que ha dicho acerca de esta emoción.

La alegría es un sentimiento y una emoción. Todos lo sabemos. Suele venir acompañada siempre de acontecimientos positivos. La ausencia de acontecimientos positivos provoca en nosotros el sentimiento y emoción contraria, la tristeza.

---

26 Buenos días, Mes de Abril nº 27

27 Buenos días, Mes de Abril nº 26

28 Ep. I, 341

¿Qué es lo que nos enseña la vida cristiana, la vida con Cristo? La vivencia con Cristo vivo y resucitado, de Corazón palpitante, que me ama ahora, nos enseña que cuando hay momentos en los cuales no hay acontecimientos positivos también podemos vivirlos con alegría y felicidad. ¿Por qué? Porque no viene del ser humano sino de la obra de Dios en nosotros. Por ello el Padre Pío nos hace ver, con su vida y sus obras, que cuando pasaba por momentos difíciles los vivía con alegría. Vivirlo así no quiere decir que lo viviera con carcajada. La humanidad siempre está presente. No podemos olvidar que la alegría es la certeza de que Dios camina con nosotros y que nunca nos suelta de la mano.

En momentos concretos de la vida del Padre Pío, en los momentos de cruz, de dificultad y de tentación, no tendría que estar dando saltos de alegría, pero seguro que, en el corazón, tenía la certeza de que Jesús estaba a su lado y sabía que lo que estaba viviendo era obra de la voluntad divina. Esto es lo que le hacía vivir con alegría y felicidad esos momentos de sufrimiento. Estar alegres, como he dicho, no es estar sonriendo sino una actitud del corazón. Externamente podemos tener expresiones de tristeza, pero interiormente, la alegría de la certeza de estar haciendo la voluntad de Dios, está presente. Podemos, como venimos diciendo, hablar de la alegría como un sentimiento profundo del corazón, un "tono" de vida, que, a pesar de todas las dificultades exteriores, no alteran esta certeza de que sólo cumplir el plan de Dios en nuestra vida, su voluntad, es lo que produce la serena y profunda alegría.

Donde está Jesús todo es diferente y todo es nuevo. La alegría de Jesús estaba en el corazón del Padre Pío. Una alegría que brotaba solo y únicamente, en los momentos de combate, de estar haciendo la voluntad de Dios y de saber que Él estaba. Esto para él era suficiente para vivir la alegría en medio de la tristeza. Aunque aparentemente son dos sentimientos contrapuestos, en él, se podían ver que estaban conviviendo en el mismo momento.

No quiero agotar todo en el Padre Pío con estas pinceladas. Quiero hacer ver al lector que cuando Jesús entra en la vida de una persona lo transforma todo y que aquello que para el mundo es negativo, como es la tristeza, e incluso contrapuesta con la alegría, para el mismo Jesús pueden caminar unidas.

En realidad, creo que podemos afirmar que la verdadera alegría del Padre Pío, brotaba del convencimiento de estar siempre buscando el agrado del Señor. Cuando uno le deja a Dios su vida, sin límites, sin barreras, deseando y dejándole de verdad que Él mismo lleve nuestra vida, esto, produce una alegría tan profunda en el corazón de Cristo que nos hace participes de su misma alegría. La alegría del Padre Pío estaba aquilatada en saber que Jesús sonreía al verle, aunque estuviera pasando las pruebas y los sufrimientos más costosos que nos podemos imaginar. Nada de eso importa. Lo que le importaba es que Jesús estuviese contento con él y su vida. Cualquier enamorado goza cuando ve a su amado gozar. No es diferente en nuestra relación con Dios. Nuestra alegría es ver que Jesús nos mira y sonríe. Eso lo vivía el Padre Pío de forma continua. Es por eso que, en medio de la prueba, que no le restaba nada de sufrimiento, tenía una profunda y serena alegría que constituía el tono de su vida y de su entrega.

Cuenta el Padre Pierino Galeone que en confesión le dijo el Padre Pío, cuando vino el Visitador Apostólico, que estaba triste y le confió lo siguiente: *Es justo que vengan a poner orden, pero ¡me están tratando como un encarcelado!* Padre Pío siente la tristeza propia de una persecución. Él no lo esconde. Pero dirá también: *Mantente siempre con alegría, en paz con tu conciencia, dándote cuenta de que estás al servicio de un Padre infinitamente bueno, que, impulsado sólo por su ternura, desciende hasta su criatura para elevarla y transformarla en él, su Creador*[29].

¿Ciertamente el Padre Pío era una persona enfadadiza y siempre con mal carácter? No es así. Los testigos que le han acompañado a lo largo de su vida muestran y manifiestan el carácter jovial y divertido del fraile. No podemos ocultar que era un hombre duro contra todo tipo de pecado, pero con la persona era tierno, padre y amigo. El Padre Pierino, nos relata que le gustaba contar muchos chistes relacionados con soldados, con políticos y con religiosos. Era un gran amante de la vida. Amante de la vida porque la vida, su vida, tenía sentido gracias a la presencia en ella de Cristo. Esto era un apostolado para él. Él dirá que se trata del apostolado de la alegría y del buen humor. ¡Cuánto debemos de aprender! ¡Cuántos cristianos viven en la amargura profunda!

---

[29] BUENOS DÍAS. Mes de Octubre nº 19.

En el proceso de beatificación y canonización, se dice que todos querían estar con él, sobre todo, en el tiempo de la recreación y en la habitación. Los hermanos acudían a estar con él para entretenerse en sus conversaciones. Dirán: se estaba *muy bien, disfrutaban escuchándolo.*

Cuenta Pierino Galeone un episodio: *En la tarde, en el jardín, los frailes preguntaron al Padre Pío: Padre, ¿en dónde fue a parar esta mañana? Y él riendo, con un rostro simple y cándido, respondió: Esta mañana, nada más terminar de confesar, me levanté, y sentí fuertes dolores de cabeza, tanto que temía caer por tierra. He orado gentilmente a los ángeles de ahorrarme la dificultad y me han sostenido, dejándome caminar por encima de la cabeza de la gente. ¡Qué duras eran esas cabezas... más que ladrillos!»*.

El Padre Pierino continúa diciendo: *con nosotros siempre de buen humor. No se le escapaba la oración para la broma amable y chistosa. De esto quedé profundamente impresionado.* También dice: *Le gustaba provocar, pero lo hacía con tanta dulzura que era un placer bromear con él y, principalmente, verlo sonriente y divertido.*

Si hay algo que podamos comprobar en el Padre Pío es que en el sufrimiento y en la cruz, la alegría es posible: *En estos momentos, más que nunca, en el mundo todo me harta y me pesa, nada deseo excepto amar y sufrir.* Digamos alguna perla cogida de sus cartas para conquistar la verdadera alegría.

> *No debes desanimarte ni entristecerte si tus obras no te salen con la perfección que buscaba tu intención. ¡Qué quieres! Somos frágiles, somos tierra y no todo terreno produce los mismos frutos tal y como quiere el sembrador*[30].
>
> *Aleja tu pensamiento de los objetos que te causan tristeza, rechaza todos esos pensamientos como solemos apartar las tentaciones contra la santa pureza. Además, no debes detenerte en esos pensamientos que te afligen. Yo deseo que practiques esto; es más, casi te diría que todo esto te lo impongo, te lo ordeno.*

También hablaba en sus cartas al director espiritual:

---

[30] Carta del 17 de diciembre de 1914. A Rafaelina Cerase.

¿A qué puedes tener miedo? Pero si el miedo te sorprende, grita con fuerza: «Señor, sálvame». Él te alargará la mano; apriétala con fuerza y camina con alegría sobre el mar de las tempestades de la vida. (27 de diciembre de 1917, a una destinataria desconocida – Ep. III, p. 927)

Mi corazón está rebosante de alegría y se siente cada vez más fuerte para aceptar cualquier sufrimiento, siempre que se trate de agradar a Jesús. Pero es también verdad que el demonio no puede darse descanso al hacerme perder la paz del alma y debilitarme en la gran confianza que tengo en la misericordia divina. (17 de agosto de 1910, al P. Benedicto de San Marco in Lamis – Ep. I, p. 195)

No te asuste la cruz. La prueba más cierta de amor consiste en sufrir por el amado, y, si Dios por tanto amor, tanto dolor sufrió, el dolor que se sufre por Él resulta tan amable como el amor. En las aflicciones que el Señor te regala, sé paciente y confórmate al Corazón divino con alegría, sabiendo que todo es una broma continua del Amante. (14 de julio de 1914, a Raffaelina Cerase – Ep. II, p. 126)

7. El sufrimiento en la Cruz

A quien mejor que al Padre Pío podemos preguntar acerca del sufrimiento y de la cruz. Es curioso que Juan Pablo II en su Carta Apostólica *Salvifici Doloris* publicada el 11 de febrero de 1984 resuma con bellas palabras el sentido del sufrimiento humano tal y como lo vivió el mismo Padre Pío fallecido en 1968. Recomiendo al lector, que para profundizar en este tema se lea ésta bella Carta Apostólica[31].

¿Cómo definir la cruz? Dice el mismo Padre Pierino que la cruz no es otra cosa que la síntesis de todo el sufrimiento humano. Podemos decir que la cruz y sufrimiento son la misma cosa. La cruz produce sufrimiento y el sufrimiento es una cruz.

Bien sabemos por la historia del santo que su propia vida fue un auténtico Vía Crucis, un auténtico calvario.

---

[31] JUAN PABLO II, *Salvifici Doloris*, 1984

En una ocasión pregunté al promotor de la fe del Dicasterio para la Causa de los Santos: ¿hay algo que caracterice a todos los santos? El me respondió: si, la cruz. Y efectivamente es así. Para ir al Cielo hay que pasar por la cruz. Recuerdo nuestro centro de espiritualidad Padre Pío que está en San Giovanni Rotondo[32]. En la Capilla de la planta baja hay en el suelo, justo en el centro de la capilla, una cruz dibujada con azulejos. Un poco más adelante está el altar y de fondo, en la pared, la imagen de Cristo Resucitado. Ciertamente, la capilla, tiene su propia catequesis. Nos recuerda a aquellos que pertenecemos a la familia Siervos del Sufrimiento, que nuestra cruz solo puede dar frutos cuando es ofrecida en el altar. También nos recuerda que esta cruz ofrecida en el altar nos lleva a la Resurrección, a la vida eterna.

Así es. La vida del Padre Pío reflejó lo que a él mismo le impusieron cuando tomó el hábito, un hábito en forma de cruz. Él mismo escribe en 1912: *Sufro, sufro mucho pero no deseo para nada que mi cruz sea aliviada, porque sufrir con Jesús es muy agradable.*

Padre Pío, maestro del sufrimiento. "Jesús, perdóname si no se sufrir cuanto debiera"

Padre Pío era, es y será un maestro que enseña con su vida el valor del sufrimiento humano. Como decía anteriormente ¿a quién vamos a acudir para que nos explique cómo vivir el sufrimiento si el mismo Señor le enseñó a él a vivir y dar sentido al suyo?

El artículo que pongo a continuación lo titulé: *¡Jesús, perdóname si no sé sufrir cuanto debiera".*

¡Jesús, perdóname si no sé sufrir cuanto debiera!

Una de las preguntas que siempre me he hecho es si en verdad tiene sentido el sufrimiento humano. Me he preguntado incluso acerca de por qué el hombre tiene que llegar a sufrir. Me preguntaba el por qué y no el *para qué.*

Ahora, conociendo la figura del Padre Pío, puedo entender el *para qué*, el sentido y el valor del sufrimiento humano.

---

[32] En: https://www.centrospiritualepadrepio.it/es/ (2023)

Cruz y sufrimiento son la misma cosa, ya que la cruz representa la síntesis de todo sufrimiento que el hombre pueda llegar a padecer.

El Padre Pío, sacerdote capuchino, nació en Pietrelcina el 25 de mayo de 1887.

Fue un niño tocado por Dios desde su infancia, en su adolescencia, en su juventud, en la edad adulta y en su ancianidad, hasta su muerte el día 23 de septiembre de 1968.

Ha sido conocido por el mundo entero como el santo de los estigmas, pero al adentrarnos en su vida podremos encontrar una rica espiritualidad muy actual para el siglo XXI.

Él, con su vida, nos ha enseñado la espiritualidad de la cruz y el sentido del sufrimiento humano.

El sufrimiento es una realidad en la vida del hombre, no podemos prescindir de él, tenemos que enfrentarlo tarde o temprano porque en esta vida no todo es luz, no todo es alegría, no todo es placer; hay sufrimiento y momentos difíciles.

La respuesta del hombre ante esta realidad puede ser variada; puede ser la de rebelarse, resignarse porque no hay otro remedio, aceptarlo como un regalo de Dios o intentar buscar una evasión.

La mayoría de las personas suelen hacer esto último, buscar una evasión en el placer, con el pecado, con un alivio artificial al modo humano, como un anestésico, buscando huir del sufrimiento y no enfrentándose a él, evitando la frustración que el dolor de cada día ofrece. Las personas buscamos consolación en vez de aceptar nuestro sufrimiento como una realidad positiva. Incluso es frecuente que nos enojemos, que nos enfademos y busquemos a quien culpar de nuestro sufrimiento llegando a acusar a otros.

El demonio hace que el sufrimiento sea fuente de odio, de división, de rechazo y de guerra. Dios, sin embargo, eligió precisamente el sufrimiento como camino de salvación y santificación para toda la humanidad.

Pero ¿qué es lo que hace sufrir al hombre? Lo que hace sufrir son los sufrimientos físicos, las dolencias, las enfermedades, los sufrimientos morales, entre los cuales podemos destacar los miedos y los resentimientos, los sufrimientos espirituales cuando uno no ve a Dios, cuando no experimenta su cercanía o incluso las cruces que suelen venir por la propia familia, el carácter, los propios pecados o los amigos.

La realidad es clara, el hombre sufre. No hablamos del hombre en general, sino de ti y de mí, porque tú y yo también sufrimos. Y ante ello ¿qué hacemos? ¿Lo aceptamos porque Jesús lo quiere y confiamos en que Él nos da aquello que es bueno? ¿o nos rebelamos y Le culpamos de todos los males que pasan por nuestra vida?

Toda la vida de Padre Pio es un continuo sufrir. Sufrió persecuciones por parte de la autoridad de la Iglesia, de obispos y de cardenales, también de sus propios hermanos de fraternidad. Muchos de ellos tenían prohibido por sus superiores acercarse al fraile estigmatizado.

La persecución de que fue objeto, incluso por parte de algunos eclesiásticos, era bien entendida por el Padre Pío.

Cabe mencionar el informe que el P. Gemelli presentó al Santo Padre después de la supuesta valoración que le hizo a Padre Pío, la cual realmente no pudo ser realizada porque no tenía permiso por escrito de ningún superior para ello. Padre Pio fue obediente a las indicaciones que recibió de sus superiores para que no enseñara los estigmas a nadie que no tuviese autorización expresa. En el informe del P. Gemelli se le tachaba de neurótico y se le acusaba de que las heridas que tenía en manos, pies y costado fueron producidas por él mismo.

Consecuencia de esto fueron los decretos condenatorios que Padre Pio recibió, a pesar de los cuales él dirá que la Iglesia fue prudente a la hora de valorar sus estigmas. Nunca la criticó ni la juzgó, a pesar de todo el sufrimiento que tuvo que vivir. Recordemos, por ejemplo, los años que pasó recluido en el convento sin celebrar la Eucaristía públicamente, la expresa prohibición de no confesar a sus hijos espirituales o también la de mantener ningún tipo de relación epistolar con las personas a las que dirigía.

Aunque esto le hizo sufrir mucho, él dirá acerca de la Iglesia: *Dulce es la mano de la Iglesia también cuando golpea, porque es la mano de una madre.*

No todo acaba aquí, sus propias enfermedades y las numerosísimas tentaciones y manifestaciones diabólicas le crearon grandes sufrimientos internos. El demonio se le aparecía bajo la apariencia de algunos santos, de sacerdotes, de la Virgen María o del mismísimo Señor.

Pero, sin duda alguna, su mayor cruz llegó cuando el 20 de septiembre de 1918 le aparecen por segunda vez y durante 50 años los estigmas del Señor en las manos, pies y costado. Esta fue su mayor humillación. Aquí es cuando comienza su martirio.

Hemos sabido también que existía en su hombro derecho otro estigma y que este era el más doloroso. Así lo ha contado San Juan Pablo II, quien tuviera con Padre Pío una conversación al respecto.

Si por algo se conoce a Padre Pio es por su respuesta ante la cruz, ante el sufrimiento humano. Él la abrazó como signo de amor y predilección de Jesús. Nos dirá: *"sufro cuando no sufro"*[33].

Esto es lo que hace atrayente la figura de este santo estigmatizado del siglo XXI, su amor a Jesús crucificado, a la Iglesia y a la cruz como camino de salvación y santidad.

No podemos olvidar cuál es el papel de los santos en la vida de la Iglesia, son nuestros intercesores en el Cielo y modelos de fe que nos llevan a Jesús y nos recuerdan que podemos vivir la vida cristiana con autenticidad. Si vivimos así nuestra devoción, lo haremos bien, porque venerar a los santos de otra forma sería idolatría.

No debemos olvidar que todo lo que el Señor ha hecho y ha permitido en la vida de Padre Pio ha sido para llevar a muchas almas a Él, a la salvación.

---

[33] BUENOS DÍAS, Mes de mayo, nº 26

El sufrimiento, la cruz se pueden vivir de otro modo, porque Jesús ha venido a hacer nuevas todas las cosas, y Padre Pio nos enseña a vivir y a descubrir este nuevo sentido. Como dijo el Cardenal Ángelo Sodano, con motivo de la beatificación de Padre Pío: *es el icono de Cristo Crucificado.*

El Padre Pío, en su humanidad, en lo que el Señor le permitió, ha cargado sobre si los pecados de los hombres de todos los tiempos. Quien ve a Padre Pio, ve a Cristo Crucificado. Él vivió en Jesús y Jesús vivió dentro de él.

Aquel que da sentido a nuestro sufrimiento y a nuestra cruz de cada día es Jesucristo. La salvación y la redención nos viene por Cristo Crucificado. Él muere con una muerte violenta en la cruz, pero la cruz en sí misma no puede salvarnos, sino que lo hace su sangre derramada y ofrecida por nuestra salvación y por el perdón de los pecados, su sufrimiento ofrecido al Padre por ti y por mí. He aquí el sentido del sufrimiento de Cristo, nuestra salvación y redención.

Para nosotros la cruz y el sufrimiento tienen sentido. El sufrimiento nos une a Cristo, nos hace estar cerca de Él, nos identifica con Él, nos hace más humildes y sencillos. Con la cruz nos purificamos de tal forma que el Señor, sirviéndose de la misma, va haciendo en nosotros el jarrón más precioso a sus ojos. Tu cruz y la mía son signos de predilección. Debemos sentirnos queridos y amados. El Señor nos pide a cada uno ayuda para cargar con la cruz del mundo.

Nosotros no hacemos otra cosa que participar de sus sufrimientos, en la medida que podemos, con nuestras pequeñas cruces cotidianas. Las cruces que nos salvan y nos redimen son aquellas que el Señor quiere para nosotros hoy, no aquellas que nos buscamos nosotros. Son aquellas que nos vienen de la enfermedad, de la familia, de las distintas situaciones en el trabajo, de las incomprensiones de los demás, de los sufrimientos psicológicos...

Es bello el pensamiento que nos ha dejado Padre Pio en su epistolario:

El sufrimiento de los males físicos y morales es la ofrenda más digna que puedes hacer a aquel que nos ha salvado sufriendo[34].

Acerquémonos pues a Padre Pío y descubramos qué nos propone para vivir la cruz.

Lo primero que debemos tener presente es que no podemos vivir la cruz sin estar unidos a Cristo. Si vivimos separados del Señor no podemos cargar con la cruz, es tan pesada que se hace insoportable. Dice: *a veces el Señor permite que experimente el peso de la Cruz. El peso te parece intolerable, pero lo sobrellevas porque el Señor, por amor y misericordia, te ayuda con su fuerza.*

Por tanto, debemos vivirla unidos a Cristo llevando una vida de oración seria, recibiéndole frecuentemente en la Eucaristía, con un corazón bien dispuesto en el Sacramento de la confesión. En otro pensamiento suyo nos recalcará: *Ten en tu corazón a Jesús crucificado y todas las cruces del mundo te parecerán rosas.* Solo Él puede hacer de las cruces, rosas.

En segundo lugar, debemos ser conscientes de que las pruebas aumentan la fidelidad a Dios. Así sucedió en Padre Pío, cuantas más pruebas tenía, más se acercaba a Dios y más lo amaba.

En nuestro caso ¿las pruebas nos acercan más a Dios o nos separan de Dios? Es en la cruz, en la prueba, donde se aprende a amar de verdad. *La cruz es la bandera de los elegidos. No nos separemos de ella y cantaremos victoria en toda batalla.* Dice Padre Pio.

Es una invitación a amar a Jesús en el Calvario, en la cruz que se nos hace presente en el día a día. También dirá al respecto: *La cruz debe ser nuestro pan de cada día*[35].

En tercer lugar, la cruz debemos aceptarla, abrazarla y ofrecerla porque es un don que Dios nos regala.

---

[34] BUENOS DÍAS, Mes de Marzo, nº 29

[35] BUENOS DÍAS, Mes de Marzo, nº 2

Él no nos va a mandar algo malo, sabemos que todo es para bien de aquellos que le aman con sincero corazón.

Debemos decir con humildad y confianza: *yo la acepto Señor, yo la quiero porque viene de Ti. Porque Tú la quieres para mí, porque confío en Ti y sé que esto tiene un sentido. Si Tú has sufrido por mi yo quiero sufrir por Ti. Te entrego mi sufrimiento, mi dolor, te entrego mi tiniebla, mi muerte en tu cruz.*

Esto solo puede venir de un corazón enamorado, lleno de Jesús, empapado de Jesús Eucaristía.

Debemos también ofrecerla, es decir, ponerla en sus manos con confianza, con alegría de sabernos amados y queridos por el Señor, aunque estemos sufriendo. Padre Pio ofrecía todo, lo ponía en las manos de María para que ella se lo presentara a su Hijo.

En un pensamiento sobre los ángeles decía: *los ángeles solo nos tienen envidia por una cosa: ellos no pueden sufrir por Dios*[36].

Con este pensamiento nos hace ver el valor que tiene el sufrimiento a los ojos de Dios. Por tanto, *no temas ningún sufrimiento, por pequeño que sea no quedará sin merito para la Vida Eterna.*

Hay una cosa que Satanás no soporta, y es que suframos. Al igual que Cristo nos ha salvado con su sufrimiento ofrecido al Padre, nosotros podemos ofrecer nuestros sufrimientos también por la redención y salvación de los hombres. Es decir, podemos ayudar a Jesús en esta tarea y eso Satanás no lo soporta. Lo que era para él un medio para alejar a los hombres de Dios, con la muerte de Cristo se ha convertido en medio para estar más cerca de Él.

El enemigo hará todo lo posible para que la cruz se convierta en nuestro suplicio. Por tanto, puedes ayudar a Cristo en la salvación del mundo aceptando, abrazando y ofreciendo tu cruz de cada día. Viviendo así podremos convertirnos en cireneos para los demás.

---

[36] BUENOS DÍAS, Mes de Marzo, nº 28

Al igual que Cristo fue ayudado por el cireneo a llevar la cruz, tú también puedes ayudar a los demás a cargar con la cruz de cada día, por medio de la escucha y transmitiendo el consuelo a través de la palabra, no de la palabra humana, que deja el corazón vacío, sino de la palabra de Dios.

Todo esto hace que podamos vivir la cruz y por tanto el sufrimiento con alegría. Así si podemos vivir con esperanza, sabiendo que podemos cambiar el dolor en alegría, la muerte en vida, la condena en perdón, la tiniebla en luz.

El sufrimiento, que para el mundo es indigno, para nosotros dignifica al hombre, porque Cristo nos ha dignificado con su sangre derramada.

Padre Pierino Galeone, es un sacerdote de la diócesis de Taranto que ha vivido experiencias bellísimas con Padre Pio. Es hijo espiritual suyo y ha vivido unido a él durante 21 años. Todavía vive y ha sido uno de los testigos más importantes en el proceso de beatificación.

En su libro "Padre Pio, mi padre", relata un hecho que le sucedió en confesión, dice así: *Él, un día en confesión me explico el itinerario del sufrimiento: ante todo se acepta el dolor como venido de Dios para reparar el pasado, purificar el alma y para vencer toda repugnancia; después se abrazan los sufrimientos con ardor y decisión, con el gozo de recorrer con Cristo la vía dolorosa, desde el pesebre hasta el Calvario; se admira, se alaba, se ama cada estado doloroso de Jesús: de la pobreza y del exilio, de los oscuros trabajos de la vida escondida, de las fatigas y dificultades de la vida pública y de los sufrimientos y de los padecimientos físicos y morales de la larga y dolorosa pasión*[37].

¡Esta es la Pascua! Este es el milagro de convertir la muerte en vida, el dolor en alegría, la cruz en camino de felicidad y santidad.

No es obra del hombre, es un milagro que solo Dios puede hacer. Nosotros no tenemos fuerza para hacer nada, nosotros sin Dios no podemos hacer nada y Dios sin nosotros tampoco.

37 PIERINO GALEONE, *Padre Pio, mi Padre*, 30

Como decía Padre Pio: *No te lamentes nunca por las ofensas recibidas. La vida es un calvario y conviene subirlo alegremente. ¡Jesús, perdóname si no sé sufrir cuanto debiera*[38]"

Pensamientos sobre la cruz

Recojamos ahora algunos pensamientos del Padre Pío sobre la cruz:

Ten por cierto que, si a Dios un alma le es grata, más la pondrá a prueba. Por tanto, ¡Coraje! y adelante siempre.

Sé dócil y somete con humildad tus hombros a todas las cruces.

Que siempre seamos amigos de la cruz, que nunca huyamos de ella, porque quien elude la cruz huye de Jesús y quien escapa de Jesús jamás hallará la felicidad. Jesús nunca esta sin la cruz, pero la cruz jamás está sin Jesús.

Para animarnos a sufrir de buena gana las tribulaciones que la divina Piedad nos prodiga, mantengamos fija la mirada en la Patria celestial reservada para nosotros.

Por muy altas que sean las olas, el Señor es más alto. ¡Espera!... la calma volverá

Las pruebas a las que Dios os somete y os someterá, todas son signos del amor Divino y Perlas para el alma.

Jesús quiere agitarte, sacudirte, azotarte y cribarte, como el grano, para que tu espíritu alcance la limpieza y la pureza que desea.

Pensamientos sobre el sufrimiento

Y ahora algunos pensamientos sobre el sufrimiento.

Las otras pruebas a las que Dios os somete y os someterá, todas son signos del amor divino y perlas para el alma.

---

[38] BUENOS DÍAS, Mes de Marzo, nº 26.

El sufrimiento no es castigo sino amor y amor delicadísimo.

Os ha destinado a gran santidad y por ello os ha sometido a cruces no comunes y todavía os someterá a más.

El padre Espiritual le decía: *ofrece con Jesucristo a Dios padre tus bendiciones, procurando reparar así las ingratitudes de los hombres. Ofrécete también victima por sus pecados y ruega porque la iniquidad disminuya sobre la tierra* (Epistolario I)

8. La tentación: ¡Señor! ¡Envíanos tentaciones!

El hombre, desde el inicio, está sometido a la tentación. Como recordamos en el libro del Génesis, el demonio no paraba de tentar a Adán y Eva para que comieran del fruto prohibido. Dios les había dicho que podían comer de cualquier árbol menos del árbol del bien y del mal. La misión de Barba Blu, como le llama el Padre Pío, es tentar al hombre para que éste abandone a Dios y acabe desobedeciendo al plan que Dios tiene preparado para él.

La tentación, de por sí, podemos verla con connotación negativa. El Padre Pío sin embargo nos enseña a vivirla de una forma nueva. Como dice el prefacio dominical número III, de lo que era nuestra ruina, Él, ha hecho nuestra salvación.

En una carta dirigida a Raffaelina Cerase, recogida en el Epistolario II, carta número 8, nos habla así: *Toda alma destinada a la gloria eterna puede ser considerada una piedra constituida para levantar un edificio eterno. Al constructor que busca erigir una edificación le conviene ante todo pulir lo mejor posible las piedras que va a utilizar en la construcción. Lo consigue con el martillo y el cincel...* Continúa diciendo: *El alma, si quiere reinar con Cristo en la gloria eterna, ha de ser pulida con golpes de martillo y cincel, que el Artífice divino usa para preparar las piedras, es decir, las almas elegidas. ¿Cuáles son estos golpes de martillo y cincel? Hermana mía, las oscuridades, los miedos, las tentaciones, las tristezas del espíritu y los miedos espirituales, que tienen un cierto olor a enfermedad, y las molestias del cuerpo.*

La tentación, explica, como realidad necesaria para reinar con Cristo en la gloria eterna.

La tentación necesaria para pulir el alma y así preparar las piedras preciosas a los ojos de Dios construyendo un edificio eterno. Estas palabras, el Padre Pío, las dice desde su experiencia personal. Él, día y noche, vivía los ataques y las tentaciones del maligno. Comenzó cuando contaba con cinco años de edad y finalizaron el mismo día de su muerte. Se le aparecía en el confesionario, celebrando la misma Eucaristía, por las noches en la habitación, cuando estaba confesando, bajo la forma de la imagen de su director espiritual, de sus superiores, de los santos, de sacerdotes o de formas obscenas. Cuando parecía que el demonio se iba, volvía. Le daba incluso grandes palizas físicas como al mismo Cura de Ars.

En nuestra vida sucede así. El demonio aparece a través de la tentación, nos incita a hacer cosas en contra de la Voluntad de Dios. Éste va, viene y se esconde. Cuando parece que el demonio con la tentación se ha ido, vuelve de nuevo a intentar su misión, arrancarnos de las manos de nuestro Rey y Señor.

¡Cuántos pensamientos diarios donde aparecen los insultos del demonio! ¡Cuántos pensamientos de desanimo, de pensar que no podemos hacer las cosas, de que nos podemos cambiar!

Cuando un peregrino visita el museo del Convento en San Giovanni Rotondo, una de las paradas obligatorias, es el dormitorio de los seminaristas. En una parte estaban los seminaristas y en el otro lado dormía el Padre Pío. Desde su habitación, mediante una ventanita, podía ver y controlar a los seminaristas. La guía nos cuenta, que, en una ocasión, uno de los seminaristas, pasó por la noche por una tentación contra la santa pureza. El seminarista venció la tentación gracias a la oración y a la intercesión del mismo Padre Pio. Esto no le hizo ninguna gracia al demonio. Como respuesta a su intercesión, atacó de nuevo al mismo Padre Pío. El demonio no descansa. Él mismo dirá a su director espiritual: *El demonio me quiere para sí a toda costa.*

Así es, cuanto más cerca de Dios estés, más rabioso se pondrá el enemigo. Buscará a toda consta que te apartes de Dios. Por eso no duerme ni reposa. A través de las sugerencias del mundo y de la carne pretenderá que hagamos las cosas contrarias a la voluntad de Dios.

En una carta del 1910[39], Padre Pío escribe así: *...el demonio no puede darse descanso para hacerme perder la paz del alma y debilitar en mí la confianza que tengo en la divina misericordia. Es en lo que principalmente se esfuerza por obtenerlo a través de las continuas tentaciones contra la santa pureza, que va suscitando en mi imaginación y que a veces incluso en la simple mirada de las cosas, no digo santas, pero al menos indiferentes. De todo esto me río como si fueran cosas sin importancia... solamente que me provoca dolor... el no estar seguro si en el primer asalto del enemigo he sido rápido en resistir. Cierto es que al examinarme preferiría la muerte antes que decidirme a ofender a mi querido Jesús con un solo pecado, aunque fuese leve.*

En este momento quisiera tocar un tema muy presente en la vida de las personas. La vida pasada. ¡Cuántas veces el demonio nos tienta con la misma vida pasada!

La vida pasada, está ahí, no podemos quitarla de nuestra historia. Tampoco debemos tener miedo a acudir a ella o a entrar en ella. Ésta nos tiene que ayudar a dar gracias por la nueva vida que estamos viviendo hoy. Si el Señor ha perdonado esa vida pasada, después de una buena Confesión sacramental de nuestra vida, volver a ella, dirá el Padre Pio, es ofender de nuevo al Señor que ya te ha perdonado. Lo importante no es el pasado ni el futuro sino como estoy viviendo hoy en el presente. Como él mismo dirá el pasado en la misericordia, el presente en el amor y el futuro en la providencia.

¡El presente! El presente es vivir en el amor. En el amor a Jesús. Siendo conscientes de que Jesús está conmigo ¡hoy! El dirá: *concéntrate en el presente, en el que Jesús está contigo y te ama*[40].

¡El pasado! ¿Me he perdonado por mi pasado? ¿Confío en que Jesús ha perdonado todo mi pasado y me ha dado una vida nueva?

Padre Pierino, en su libro, cuando habla acerca de la castidad, explica el valor de la tentación.

---

39 Ep. I, carta 16, p. 196

40 Carta del *8 de octubre de 1915, a Raffaelina Cerase - Ep. II, p. 509)*

Dice así: *La tentación es una solicitud al mal que proviene de nuestros enemigos: el mundo, la carne, el demonio. La tentación es necesaria para merecer el premio, para purificar el alma y para hacerla progresar en la virtud. Es como un providencial "latigazo" que despierta, es una escuela de humildad y de amor a Dios. Son tres las fases de la tentación: la fascinación, la deleitación y el consentimiento. La fascinación es el momento de la propuesta del mal: los ojos, la fantasía y la mente pueden recibir, de un modo más o menos vivo, las atracciones del mal. La ocasión es el inicio del tiempo de la fascinación. La fascinación, en cuanto peligrosa, no es pecado. De hecho, puede ser permitida por el Señor para hacer más fuerte la voluntad e inmediata la reacción... El huir de la ocasión, constate y perfectamente, me decía el Padre Pío, espanta al enemigo, hace desaparecer desde la raíz todo estímulo a la deleitación y elimina no solo el hecho, sino también la posibilidad de consentir al pecado.*

Veamos a través de pequeños pensamientos aquello que nos quiere transmitir el padre Pío acerca de la tentación: *El demonio es como un perro rabioso atado a la cadena; no puede herir a nadie más allá de lo que le permite la cadena. Mantente, pues, lejos. Si te acercas demasiado, te atrapará*[41]. Cuanto más lejos de él estemos mejor. Si me acerco a él acabará atrapándome. ¡Qué importante es huir de la ocasión de pecado!

Otro texto escrito a Raffaelina Cerase el 25 de abril de 1914 dice así:

> *Las tentaciones y las tempestades que rondan en tu cabeza son signos seguros de la predilección divina. El temor que tienes a ofender a Dios es la prueba más segura de que no le ofendes. Confía con confianza ilimitada en la bondad divina, y, cuanto más intensifique el enemigo los ataques, más debes abandonarte confiadamente en el pecho del dulcísimo esposo celestial, que no permitirá jamás que seas vencida. El mismo Dios lo ha proclamado solemnemente en la Sagrada Escritura: Fiel es Dios que no permitirá que seáis tentados sobre vuestras fuerzas. Antes bien, con la tentación os dará fuerzas suficientes para superarla*[42].

---

[41] BUENOS DÍAS, Mes de abril, nº 21

[42] EP. II, Pág. 76

En esta carta se nos invita a intensificar nuestra oración y a abandonarnos con confianza en el pecho del dulcísimo esposo celestial. ¡Cuanto más fuerte sea la tentación, más fuerte debe ser la oración! La oración y el abandono traerá como fruto la victoria.

En esta ocasión será a María Gargáni en una carta del 4 de septiembre de 1916. Dice así:

> *No te deben atemorizar las innumerables tentaciones que te asaltan de continuo, pues el Espíritu Santo anuncia al alma devota que, si se decide a avanzar por los caminos de Dios, debe disponerse y prepararse para la tentación. Por eso, ¡ánimo!, que la prueba cierta e infalible de la elección de un alma para su perfección es la tentación, en la que la pobrecita será puesta como signo de contradicción en medio de la tempestad. Que nos anime a soportar la dificultad la vida de todos los santos, que no estuvieron libres de esta prueba. La tentación no respeta a ningún elegido*[43].

Efectivamente la tentación no respeta a nadie. Toda alma devota que quiera avanzar por el camino del Señor tendrá que pasar por la tentación. Porque Satanás no parará de incitar a la desobediencia. Además, anima a su hija espiritual diciéndole que la tentación es la prueba infalible de la elección de un alma para su perfección.

El 15 de agosto de 1914 vuelve a escribir otra carta a Raffaelina Cerase: *Bendícelo en todo lo que te haga sufrir acá abajo y alégrate, porque a cada victoria que se consigue corresponde una nueva corona en el paraíso. No te detengan ni te atemoricen las violencias que debemos hacernos, porque el Señor es fiel y no permitirá que la tentación pueda vencerte*[44].

Con esta carta me introduzco a indicar como responder cuando la tentación se presenta. ¿Cómo podemos salir victoriosos de la misma según la espiritualidad del Padre Pío?

Lo primero y fundamental es mantener la calma y la serenidad. No asustarnos de que venga la tentación y se presente sin más.

---

[43] EP. III, Pág. 241

[44] EP. II, Pág. 153

Quiere decir que lo estamos haciendo bien.

El demonio lo que busca es que nos pongamos más nerviosos. Recordemos que a veces somos nosotros los que nos ponemos en el peligro ¡Cuidado! El Padre Pío nos invita a huir de la ocasión de peligro. No te acerques a lugares donde sabes que está el peligro y puedes caer por tu debilidad. En segundo lugar, cuando la tentación viene es fundamental no dialogar con ella pensando que yo soy más fuerte. Quien dialoga acaba cayendo en ella ya que el demonio es mucho más fuerte que nosotros mismos y te intentará embrollar la mente. No dialogues. Responde a ella con la Palabra de Dios. Mira el ejemplo de Jesús en las tentaciones del desierto. En tercer lugar, invoca la ayuda divina. Reza jaculatorias, reza el Rosario, toma la Palabra de Dios. Invoca desde tu corazón a María y al Señor para que te de la fortaleza que necesitas. Una vez que te das cuenta de que ha pasado agradece al Señor que has podido salir victorioso. No es obra tuya. Él te ha ayudado. Aun así ¡ten cuidado y no te confíes! Puede venir de nuevo. Preserva cada día tu vida con las armas de la Fe, de una verdadera vida espiritual.

Algo que a mí me conmueve en todos estos años de ministerio sacerdotal es que, hemos llegado a un momento, en el que parece que vivir en el pecado es algo normal. Hemos perdido la mortificación y hemos perdido la lucha. Ya los cristianos no luchamos contra el pecado. Cuando viene la tentación nos dejamos llevar por ella y le damos rienda suelta. Volvamos de nuevo al Señor con redoblado empeño con un corazón deseoso de conversión. Para seguir al Señor en este mundo hay que remar contra corriente. Solo podremos remar así si contamos con la ayuda de las armas de la Fe.

CAPÍTULO 3. EL PADRE PIERINO GALEONE, LA FLOR MÁS BELLA DE SAN PÍO

Monseñor Carmelo Pellegrino en una ocasión escribió una pequeña biografía de la figura del fundador del Instituto Secular "Servi della Sofferenza", Monseñor Pierino Galeone. Lo definió como una flor cuidada con delicadeza al cuidado del santo de los Estigmas. Esa flor ha ido creciendo, bebiendo del agua que procedía del mismo Padre Pío, su vida, ejemplo y espiritualidad. Esta flor preciosa has sido cuidada y cultivada con amor, con cercanía y con mucha delicadeza. Lo presento a continuación.

Mons. Pierino Galeone nace en San Giorgio Ionico, Taranto (Italia), el 21 de enero de 1927 en una familia profundamente creyente.

A los diez años, bajo la guía del párroco de su pueblo, entró en el Seminario Menor de Taranto, debiendo ser en ese período, espectador del bombardeo de la ciudad realizado por parte de los ingleses durante la segunda guerra mundial.

Terminado el Menor, pasó al Seminario Regional de Molfetta (Bari), en donde comenzó sus estudios de teología. En 1945, su organismo se desarrolló aceleradamente enfermándose de tuberculosis, por la enorme carencia de alimentos, que a causa de la guerra sufría toda Italia.

La enfermedad, que se manifestaba con continuos vómitos de sangre, convenció a los superiores a hacerlo salir del seminario, temiendo el riesgo de contagio. Fue en aquel período que el joven seminarista comenzó a rezar al Señor que lo ayudara a encontrar un santo antes de morir.

En tanto, su madre, había escuchado hablar del Padre Pio de Pietrelcina, un fraile que vivía en el Gargano y que tenía los estigmas. Acompañado por el intendente de su ciudad, el joven llega a San Giovanni Rotondo, con el fin de pedir la gracia de la curación.

A penas lo vio, Padre Pio le pasó la mano por el pecho; el joven Pierino intentó detenerle la mano sobre el lugar enfermo, pero el Capuchino continuó a pasar la mano sobre todo el tórax y dándole dos golpecitos le dijo: "De todo podrás morir menos de esto!". Desde aquel momento, Pierino comenzó a estar siempre con el Padre Pio. Literalmente extasiado por su santidad. A tal punto de no recordarse tampoco de pedirle la gracia de ser curado. Cuando regresó a su casa, el médico de familia que lo seguía, le examinó los pulmones y le preguntó: "¿Pierino, donde tenías la infiltración? ¡No la logro ver!". ¡Estaba completamente curado!

Regresó al Seminario y fue ordenado sacerdote el 2 de julio de 1950 en la Iglesia María Inmaculada de San Giorgio Jónico, en la presencia de... Padre Pio, al que él había invitado con el deseo de tenerlo espiritualmente cerca en tan importante momento. En efecto, durante la postración del joven ordenando, un poco antes de la oración de consagración pronunciada por el Obispo, se pudo sentir el perfume de Padre Pio, signo de su presencia espiritual.

Hasta el día de la muerte de Padre Pio, ocurrida el 23 de setiembre de 1968, el Padre Pierino vivió cada año, largos periodos al lado del venerado Fraile, sobre todo durante el verano.

Padre Pio manifestó siempre una verdadera predilección hacia este sacerdote que, si bien no es capuchino, tenía acceso a su celda con gran familiaridad. Padre Pio se relacionaba con él con enorme ternura, y le inspiró la fundación de un Instituto Secular, los "Siervos del Sufrimiento" ("Servi della Sofferenza"), un instituto de vida consagrada que fuese para laicos, laicas y sacerdotes que pudiesen donar totalmente la propia vida al Señor mediante los votos de pobreza, castidad y obediencia, con el fin de perpetuar la misión de Padre Pio en el mundo. Una congregación religiosa de personas que viviesen completamente insertas en el mundo, desarrollando múltiples profesiones y roles, sin ser del mundo.

El 20 de septiembre de 1968, conmemoración de los estigmas del Padre, Don Pierino participó de la Misa de San Pio, al término de la cual lo saludó junto con sus hijos espirituales para regresar luego a su ciudad. Le dijo: "Padre, este año quisiera venir más seguido a San Giovanni Rotondo, para estar con usted". "No tú, más yo iré..." dijo el santo con un hilo de voz, y, tratando de detenerlo, agregó: "¿Debes partir? ¿Por qué no te quedas?". "Padre, pasado mañana es domingo y tengo la Misa en la parroquia". "¿Y no te pueden sustituir?". "¿Como hago, Padre?". "¿También ellas se van? (Dijo Padre Pio indicando el grupo de las hijas espirituales del Padre Pierino); "Si Padre, si me voy yo se van también ellas".

"¡Se haga la voluntad de Dios!". En este momento, el Padre Pierino pudo besarle las manos, los pies y el costado, en los lugares de las cinco llagas impresas por Jesús sobre su cuerpo, y que habían ya desaparecido desde algunos meses.

Mientras el Padre Pierino se iba, Padre Pio lo saludó diciendo: "Adiós Pierino, adiós Pierino". A las 02.30 de la madrugada del 23 de setiembre Padre Pio moría.

Desde entonces, el Padre Pierino se dedicó a la difusión de la espiritualidad de Padre Pio. El Santo le había predicho que su misión duraría hasta el fin del mundo. En 1985 fue llamado a declarar en calidad de testimonio ocular en el proceso de beatificación del Padre Pio, el cual se puede observar en el atestado n. 69, el más apreciado y citado de todos aquellos que han sido convocados para tal fin.

Cada año es invitado en diversos países de Europa (Italia, Hungría, Suiza, Austria, República Checa, Eslovaquia, etc.) para predicar y dar su testimonio sobre el Santo Estigmatizado. En setiembre del 2003 fue invitado a hablar del Padre Pio a numerosas multitudes en México, Costa Rica y en los Estados Unidos de América, en donde predicó con ocasión de la fiesta del Santo, en la Catedral de S. Patrick, delante de 3000 personas. Pero, sobre todo, Mons. Pierino Galeone es buscadísimo en calidad de director espiritual humilde, sabio e iluminado. Los 21 años transcurridos al lado de Padre Pio no pasaron en vano, y han impreso en su corazón sacerdotal los dones y las características de pastor que eran de San Pio.

Padre Pio de Pietrelcina fue canonizado el 16 de junio del 2002 por el Santo Padre Juan Pablo II, el cual ha querido que la memoria litúrgica fuese celebrada en toda la iglesia en carácter de "obligatoria". Estamos entonces delante de una figura emergente, de extraordinaria riqueza espiritual pero que todavía no es conocida suficientemente. Existen muchos lugares de la tierra en los cuales el mensaje de la obediencia y de la caridad de San Pio podría hacer tanto bien, o en los cuales la gente desea conocerlo más y no tiene modo de entrar en contacto con los poquísimos testigos fieles que se han formado en la escuela del estigmatizado del Gargano. También por esto, Mons. Galeone se dedica más que nunca a difundir la enseñanza espiritual de San Pio en el mundo entero, donando a todos el propio testimonio vivo, y también las propias sabias palabras de sacerdote según el corazón de Cristo.

CAPÍTULO 4. LOS SIERVOS DEL SUFRIMIENTO, HEREDEROS DE UNA MISIÓN.

En el capítulo anterior hemos conocido la biografía del Padre Pierino Galeone. Un sacerdote bendecido y tocado por Dios que ha convivido con el Padre Pío durante 21 años. Éste humilde sacerdote, ha sido elegido por el Espíritu Santo para dar un regalo a la Iglesia, el Carisma. Cada carisma en la Iglesia es único y especial. Llega en un momento determinado de la historia. En el s. XIII, cuando la Iglesia vivía en la riqueza y en el lujo, aparece Francisco de Asís. Él mostró una nueva forma de vivir en la Iglesia desde la pobreza. La Iglesia a lo largo de los siglos se ha ido enriqueciendo a través de estos carismas.

El Padre Pío, como ya hemos percibido, jugó un papel fundamental en la vida del Padre Pierino. Todo comienza ahí. Un carisma y una amistad que entusiasman. Desde que él es nombrado en 1955 párroco de la parroquia *Santa María del Popolo* en San Giorgio Iónico, no dejan de acercarse a él jóvenes de distintas edades entusiasmados por la forma de vida que refleja. Muchos de estos jóvenes estaban abiertos a la llamada de Dios y se sentían atraídos también por la espiritualidad de Santo de los Estigmas. Querían continuar en la tierra la misión del mismo Padre Pío.

En uno de los viajes a San Giovanni Rotondo, el Padre Pío, confirmó al Padre Pierino que Jesús quería que fundase una familia religiosa. El Padre Pierino, asombrado, le dice: *¿Quién te lo ha dicho? La Virgen*, respondió el Padre Pío. Y *¿a la Virgen quien se lo ha dicho? Su hijo*, le respondió el fraile. Y por último terminó diciendo *¿y a su Hijo? Dios Padre*. Así concluyó la conversación. Más adelante le preguntó acerca del nombre de la familia religiosa. El Padre Pierino le hizo la siguiente propuesta: *¿Siervos del Sufrimiento?* A lo que respondió: *Va bien.*

Aquí comienza la historia de una bella familia cuya misión en la tierra es continuar la misión del mismo Padre Pio hasta el fin del mundo, como así dijo el Padre Pío al Padre Pierino.

En 1957, una de las jóvenes que estaban cerca del Padre, Giorgina Tocci, profesó los votos delante del mismo Padre Pío. Con la madre, como la llamamos, comienza la andadura de esta familia. La madre es una mujer sencilla y humilde, llena de amor y muy maternal. Se preocupa por cada uno de sus hijos e hijas de ésta gran familia. Siempre que uno acude a ella, recibe una palabra de consuelo y de Dios. Ella, con su vida y testimonio, nos recuerda cada día la vida y la espiritualidad tanto del Padre Pío como del Padre Pierino Galeone.

La familia iba creciendo. Cada vez acudían más laicos y laicas que querían consagrar su vida al Señor. Habían quedado enamorados de esta espiritualidad. El Padre Pío pudo ver el crecimiento de esta familia hasta el momento de su muerte. Estoy seguro de su oración constante no solo por aquellos de aquella época sino también de los que vendríamos después.

En 1976 la familia es aprobada por la Iglesia como una Unión Pía con dos secciones distintas, masculina y femenina. El Padre Pierino siempre quiso que bajo un mismo nombre y bajo un mismo padre hubiese cabida a las dos ramas.

En el año 1993 se pide autorización a la Congregación para la Vida Consagrada para cambiar el estatuto jurídico, ser un Instituto Secular. Después de recibir el Nihil Obstat, el 25 de diciembre de 1993, el Obispo, Arzobispo de Taranto, Mons. Benigno Papa, erige el Instituto Secular *Servi della Sofferenza*. Con la erección se aprueban las Constituciones con dos secciones, la masculina y la femenina. En aquellos años, esta realidad que se estaba planteando, era una novedad.

¿Qué es un Instituto Secular? Puede ser la pregunta que surja al lector.

> *"Un Instituto Secular es un Instituto de Vida Consagrada en el cual los fieles, viviendo en el mundo, aspiran a la perfección de la caridad, y se dedican a procurar la santificación del mundo sobre todo desde dentro de él." (Código Derecho Canónico c. 710).*

Los Institutos Seculares son una realidad nueva en la Iglesia. Surgen en el siglo XIX y son aprobados por el Papa Pío XII en 1947 mediante la Constitución Apostólica Provida Mater Ecclesia.

Ya no es necesario abandonar el mundo, como se hace en la vida religiosa, para poder consagrarse a Dios. Aquellos laicos que sienten la llama de vivir consagrados a Dios pueden hacerlo a través de los consejos evangélicos dentro del mundo. Sin perder la condición de laico en la Iglesia. Su misión será santificar el mundo desde dentro y santificarse dentro del mundo.

En nuestro Instituto fundado por el Padre Pierino e inspirado por el Padre Pío de Pietrelcina, el laico, realiza los votos privados de pobreza, obediencia y Castidad. Las Constituciones dicen al respecto en el artículo 10: *Tal consagración es vista en medio del mundo, pasa por medio del trabajo en el mundo y viene expresada con los medios del mundo.* Continúa diciendo el artículo 5: *Los Siervos del Sufrimiento ejercen la propia consagración en el ambiente en el cual viven, trabajan y llevan a cabo el apostolado.*

Termino con este texto de San Juan Pablo II que pronunció el 3 de mayo de 1983 donde explica la importancia de estos Institutos para la vida de la Iglesia:

> *Es urgente conocer y dar a conocer esta vocación tan actual y urgente de personas que se consagren a Dios practicando los consejos evangélicos, y con tal consagración especial, se esfuerzan por impregnar toda su vida y todas sus actividades, creando en sí mismas una total disponibilidad a la voluntad del Padre y trabajando por cambiar el mundo desde dentro.*

<u>El carisma de los Siervos del Sufrimiento</u>

Para poder entender bien nuestro carisma, recomiendo al lector, la lectura de la Carta Apostólica *Salvifici Doloris* de San Juan Pablo II.

Aquello que nuestra familia quiere enseñar a la Iglesia es que el sufrimiento humano, realidad que no podemos ocultar, tiene un valor salvífico y es un camino de Santidad. Esto es así porque el mismo Cristo hizo nuevo el valor del sufrimiento humano. La novedad del sufrimiento es Cristo.

Nuestro carisma tiene dos vertientes: la vertical y la horizontal. Esto es nuestra relación con Dios y nuestra relación con los hermanos. El Siervo del Sufrimiento une sus propios sufrimientos, los de la vida cotidiana, a Cristo por la salvación del mundo y de los hermanos.

Cristo, con su muerte de cruz, con su sufrimiento ofrecido al Padre Celeste, trajo al mundo la salvación y la redención. Nosotros, podemos unirnos a esta salvación con el ofrecimiento de nuestras propias cruces.

El artículo segundo de las Constituciones narra cual es la vocación del Siervo del Sufrimiento: *Jesús ha amado a Dios y al hombre hasta la Cruz y por medio de la Cruz: "Ha tomado la forma de siervo... se ha hecho obediente hasta la muerte y la muerte de cruz" (Fil. 2,7). La Cruz, emblema y síntesis de todo sufrimiento, además de ser signo de muerte es sacramento de vida. El misterio de la Redención es este: cambiar la Cruz y, con esa, todo sufrimiento humano, de tristeza en alegría, de vergüenza en orgullo, de muerte en vida, de condena en perdón. Los Siervos del Sufrimiento hacen propios las actitudes con las cuales Cristo ha abrazado el sufrimiento para hacer el don a los hermanos de Su consolación. Se asocian a Su sufrimiento para servir a la redención de los hermanos.*

El Siervo del Sufrimiento tiene como misión *cambiar la Cruz y, con esa, todo sufrimiento humano, de tristeza en alegría, de vergüenza en orgullo, de muerte en vida, de condena en perdón.* Por otro lado, abraza las mismas actitudes con las cuales Cristo abrazó el sufrimiento. Cristo aceptó, abrazó y ofreció el sufrimiento por ti y por mí. El Siervo del Sufrimiento acepta, abraza y ofrece cada uno de los sufrimientos, grandes o pequeños, que cotidianamente se le presenta por la redención de los hermanos.

Recuerdo dos pensamientos preciosos en los que el Padre Pierino Galeone habla del ofrecimiento cotidiano:

> *La participación en el sacrificio de Cristo debe ser concreta, es decir, compuesta por todas las oraciones, acciones, bienes y afectos que se le ofrecen a Él día a día.* (18. 10. 2023)
>
> *Continúa, junto a la Virgen y al Padre Pío, ofreciendo todos los sacrificios de tu día por la paz en el mundo, para participar en el sacrificio de Cristo y de la Iglesia.* (17.10.2023)

Con este ofrecimiento, el Siervo, recibe las gracias necesarias para hacer don a los hermanos de la consolación de Jesús. Se asocian a los sufrimientos de Jesús para servir a la redención de los hermanos.

Este bello carisma tiene algo que se le oculta. Ver los frutos. Muchas veces podemos caer en la tentación de pensar que el ofrecimiento de la propia cruz no tiene valor ni sentido porque no vemos el fruto que esto puede dar. Esto no es así. Ciertamente no vamos a ver el fruto pero que el fruto lo produce es indudable.

El Siervo del Sufrimiento debe ser humilde y obediente para poder aceptar con alegría la voluntad de Dios. Ésta a veces no coincide con la nuestra. La voluntad de Dios, la cruz que Él quiere para mi hoy debe ser aceptada y abrazada por el propio Siervo. El sufrimiento lo ve como un don de Dios para estar más cerca de Él, como la forma que tiene para identificarse con Él en la cruz y como medio de purificación del alma. Vivir el sufrimiento de cada día es ayudar a Cristo en la cruz como un cireneo silencioso.

El Padre Pierino, en una homilía del 3 de enero de 2017, explica en qué consiste el carisma.

> *Entonces, nuestro Carisma consiste en esto: ¿cómo podemos servir nosotros el sufrimiento? Ante todo, acogerlo de la voluntad de Dios; segundo: unirlo a los sufrimientos de Cristo; tercero: los bienes que produce nuestra unión a los sufrimientos de Cristo se dan a favor de los hermanos. Estos son los pasajes. Esta vocación de servir el sufrimiento uniéndose a los sufrimientos de Cristo, a favor de los hermanos, dando los bienes a los hermanos; es la vocación más alta que se pueda imaginar, porque entre más alta es la vocación, mucho más grande es la administración de los bienes que se hacen a los hermanos, en este caso, a la Iglesia, como dice la carta los Colosenses.*

Acabamos de ver la relación horizontal del Siervo del Sufrimiento. Ésta no es posible sin una relación vertical, es decir, entre el Siervo del sufrimiento y Jesucristo.

En una homilía del día 2 de julio de 1981, el Padre Pierino, dice así:

El Siervo del Sufrimiento para vivir coherentemente la propia vocación debe ante todo conocer profundamente a Cristo, para así amarlo fielmente y por tanto poderlo servir en los hermanos generosamente.

El conocimiento de Cristo, el Siervo del Sufrimiento lo conquista mediante el cumplimiento de la voluntad de Dios, donde ocurre la unión con Dios, con la ayuda de la Comunión Eucarística, de la meditación, de la lectura espiritual, de la piadosa práctica del "Via Crucis", del Santo Rosario, del Sacramento de la Reconciliación y en modo práctico se conoce a Cristo reconociéndolo en los hermanos, en el ejercicio de la caridad fraterna humilde, paciente, alegre y constante. Las dimensiones, la fuente y la mesa de la caridad de Cristo se conocen y se viven en la Liturgia Eucarística y de las horas.

El amor a Cristo, el Siervo del Sufrimiento lo debe fundar sobre la humildad y la mansedumbre que se aprenden a vivir solo en el Corazón de Jesús, de María y de nuestro venerado Padre Pío. La fuerza de la humildad y de la mansedumbre nace del temor de Dios y por tanto de la fe en la Palabra de Dios. Los brazos con los cuales actúa el humilde son la sencillez y la prudencia. Quien es humilde actúa según Dios, ama a Dios, vive en Dios. Piensa como Dios, quiere como Dios, actúa como Dios según el divino modelo Jesús nuestro Señor. Quien es humilde y manso de corazón vive en Cristo y de Cristo. El Siervo del Sufrimiento debe primero volverse niño, es decir, sin malicia para vivir cerca de Jesús y por tanto imitarlo en las virtudes para ser como Él, Siervo de Dios y de los hermanos. El humilde reza mucho, está siempre atento y vigilante, tiene fe en Dios y en quien lo representa, tiene una esperanza viva e ilimitada y un amor ardiente y estable. Quien es humilde conoce el amor y el dolor, ama el sufrimiento, aprecia, como el don más grande que Dios pueda dar al hombre, el padecer primero para sí y luego para los hermanos.

La relación cotidiana con Jesucristo es fundamental en el Siervo del Sufrimiento. Esta relación se realiza en una vida espiritual intensa como ya hemos visto en el desarrollo de los anteriores capítulos. El Siervo del Sufrimiento funda su vida en la escucha y en la práctica de la Palabra Dios[45] y realiza la propia vocación en el servicio a la Iglesia,

---

[45] CONSTITUCIONES. Art. 17

con la Iglesia y por la Iglesia[46].

Para ser fiel al don de la vocación que ha recibido, el Siervo del Sufrimiento debe ser asiduo a la meditación cotidiana[47]. Se le pide que medite el ejercicio piadoso del Vía Crucis[48], que alabe a Cristo con la oración cotidiana y completa de la Iglesia que es la liturgia de las horas[49] y que honre a la Virgen Santa a través de la recitación asidua del Santo Rosario[50].

Es importante para el cultivo de la vocación la realización del retiro mensual[51], la participación frecuente en el Sacramento de la Penitencia[52] y la asistencia anual a los santos ejercicios espirituales[53] en la cual revisar la vida en todos sus aspectos

No por ser la última es la menos importante. La Santa Misa debe ser escuchada cotidianamente por el Siervo del Sufrimiento. Aquí, como en un útero se concibe, nace, crece y se madura todo consagrado[54].

En el capítulo IV de nuestras Constituciones se habla de la vida de comunión fraterna. En el mundo en que nos movemos, es importante hoy, vivir la fe en comunidad. El Padre Pierino nos invita a amarnos los unos a los otros como Cristo nos ha amado.

---

[46] CONSTITUCIONES. Art. 18

[47] CONSTITUCIONES. Art. 19

[48] CONSTITUCIONES. Art. 20

[49] CONSTITUCIONES. Art. 23

[50] CONSTITUCIONES. Art. 27

[51] CONSTITUCIONES. Art. 24

[52] CONSTITUCIONES. Art. 25

[53] CONSTITUCIONES. Art. 22

[54] CONSTITUCIONES. Art. 21

Dice así el artículo 32: *El Siervo del Sufrimiento cultiva un profundo y constante ardor de caridad fraterna, que es el "sacramento" más idóneo a significar, conservar y expresar el espíritu de comunión en el servicio del sufrimiento de los hermanos.*

El Siervo del Sufrimiento está llamado en el mundo a ser cireneos silenciosos. Es decir, estar cerca de los que sufren, darles una palabra de aliento, ayudarles a encontrar el sentido de su sufrimiento hablándoles de Jesús. Hoy el hombre necesita escuchar no la palabra humana sino la Palabra de Dios que es la que da sentido a la vida.

San Juan Pablo II, en el año 2004, tuvo un encuentro con un grupo de Siervos del Sufrimiento. Les dijo lo siguiente:

> *Vuestro instituto secular ha nacido de un deseo explícito de san Pío de Pietrelcina, con el fin de servir a los que sufren. Durante estos diez años ha crecido notablemente, convirtiéndose en fuente de esperanza para numerosas personas duramente probadas en el cuerpo y en el espíritu. Estáis llamados a anunciar el evangelio del sufrimiento iluminado por la fe. En la carta apostólica Salvifici doloris escribí que para los cristianos "el evangelio del sufrimiento significa no solo la presencia del sufrimiento en el Evangelio como uno de los temas de la buena nueva, sino además la revelación de la fuerza salvadora y del significado salvífico del sufrimiento en la misión mesiánica de Cristo y luego en la misión y en la vocación de la Iglesia"*
>
> *Queridos hermanos, contemplando la nube de dolor físico y espiritual que envuelve a la humanidad, ¡cuán necesario es el testimonio que dais! Como "Siervos del sufrimiento", sed silenciosos "cirineos", ayudando a los que sufren y asegurándoles que Dios no olvida ninguna lágrima, sino que, al contrario, las recoge todas y las escribe en su libro (cf. Sal 56, 9).*
>
> *Seguid los pasos del padre Pío, cuyas enseñanzas tienen siempre gran actualidad; inspiraos constantemente en ellas. Como él, sed apóstoles de la oración y del sufrimiento. La oración ilumina el corazón y lo dispone a aceptar el sufrimiento; el sufrimiento, aceptado con dócil abandono a Dios, abre el alma a la comprensión del dolor de los demás.*

En el año 2004, se presentan ante el Padre, un grupo de familias y laicos, distintos a los consagrados, que quieren vivir el carisma propuesto por el Padre Pío y el Padre Pierino Galeone. Ellos quieren vivir la santidad y buscarla, quieren conocer a Cristo Crucificado-Resucitado y quieren continuar la misión del Padre Pío.

El 19 de diciembre de 2011 se solicita al obispo la aprobación de los Estatutos y el reconocimiento como Asociación Privada de Fieles. El 25 de diciembre del mismo año se aprobó tanto la Asociación como los Estatutos.

Después de unos años caminando, el Consejo directivo, vio la necesidad de modificar algunos artículos de los Estatutos anteriores. El 3 de julio de 2023, Mons. Filippo Santoro, arzobispo de Taranto, aprobó las modificaciones.

Esta Asociación emana del mismo Instituto Secular fundado por el Padre Pierino Galeone. Está unida a él con fuertes lazos espirituales. Participan del mismo Carisma y de la misma Misión.

La Asociación Siervos del Sufrimiento está formada por laicos y clérigos que inspirándose en la espiritualidad del Padre Pio tienden a la perfección de la caridad y santifican el mundo con el Evangelio del Sufrimiento[55].

Los miembros ponen en práctica su vocación a través de su propia consagración en la familia y en el ambiente en que viven, trabajan y ejercen el apostolado[56]. Conforman su vida mediante el ejercicio de las virtudes de castidad, pobreza y obediencia, según su estado de vida[57].

[55] Estatutos de la Asociación Privada Siervos del Sufrimiento. Art. 1

[56] Estatutos de la Asociación Privada Siervos del Sufrimiento. Art. 3

[57] Estatutos de la Asociación Privada Siervos del Sufrimiento. Art. 7

El Siervo del Sufrimiento asociado, funda su vida espiritual sobre la Palabra de Dios, sigue con espíritu filial los ejemplos y las enseñanzas de San Pío de Pietrelcina y del Padre Pierino Galeone, es asiduo en la meditación diaria, participa en la Santa Misa y frecuenta la Adoración Eucarística, reza el Viacrucis, acude al Sacramento de la Penitencia con diligente frecuencia, reza la liturgia de las horas, acude al retiro mensual y a los ejercicios espirituales anuales y como gran enamorado de la Virgen María reza con verdadera devoción el Santo Rosario diariamente.

Esta gran familia está presente en distintas partes del mundo donde su misión es servir al que sufre y anunciar el valor salvífico del Sufrimiento a través de una relación personal con Jesucristo.

Todo lo podría resumir así: me siento devorado por el amor a Dios y el amor por el prójimo. Dios está siempre presente en mi mente, y lo llevo impreso en mi corazón. Nunca lo pierdo de vista: me toca admirar su belleza, sus sonrisas y sus emociones, su misericordia, su venganza o, más bien, el rigor de su justicia

CAPÍTULO 5. SER HIJO ESPIRITUAL DEL PADRE PIO HOY

En algunos lugares donde voy a dar conferencias sobre la vida y la espiritualidad de Padre Pío, una de las preguntas frecuentes que el público suele hacer es la de ¿Qué tengo que hacer para ser hijo espiritual del Padre Pío? Esta es una buena pregunta. Siempre comienzo la respuesta diciendo: *ser hijo espiritual del Padre Pío no es una broma*. Muchas veces, el Padre Pierino Galeone nos recuerda una frase que le decía a él el Padre Pío: *Non farmi fare brutta figura*. Que en español la traducción sería: *no me hagas quedar mal*. Ahora, intentaré explicar cómo ser un verdadero hijo espiritual de nuestro querido padre.

Quisiera empezar con un pensamiento que nos llena de ternura y esperanza a aquellos que queremos seguir las huellas de San Pío.

Al final de los tiempos me pondré en la puerta del paraíso y no entraré hasta que no haya entrado el último de mis hijos[58].

Estas palabras se hacen vida hoy. Él, como nos ha prometido, nos espera en la puerta del paraíso hasta que el último de sus hijos entre. Esta es la paciencia y el amor de un padre por su hijo.

Es una suerte y un privilegio pertenecer a la gran familia de los hijos espirituales del Padre Pio. No hay nada que sea casualidad en esta vida. Todo está contado y medido por el Padre Celestial.

Padre Pio dijo en una ocasión: *No me has elegido tu; fui yo el que te eligió entre muchos. El Señor me confió tu alma el día de mi primera Misa*[59].

[58] AP

[59] NELIO CASTELLO, *El Padre Pío nos enseña*, Ediciones LA CASA SOLLIEVO DELLA SOFFERENZA, 124

Yo, como hijo espiritual, así lo veo. Que belleza que sea así. Mi encuentro con Padre Pío no fue casualidad. El Padre Pío apareció en mi vida cuando menos me lo esperaba. Como él dice no le hemos elegido nosotros. Él salió en nuestra búsqueda y apareció en un momento concreto de nuestra historia. Muchos hijos espirituales se han encontrado con él sobre todo en el momento de la cruz y del sufrimiento. En estos momentos difíciles, en los que la oscuridad del corazón se hace patente, aparece la figura de este Santo por medio de alguna persona. El Padre Pío tenía gran predilección por aquellos que sufren, que pasan por el dolor, por la cruz y el sufrimiento. Él me eligió, se manifestó ante mí y su espiritualidad me ha conquistado. ¡A cuantas personas ha conquistado y conquista la vida y la espiritualidad de este Santo! Muchos han manifestado el deseo de vivir como vivió el y de seguir sus huellas.

Recuerda hoy, en clave de agradecimiento, cual fue el día en que Padre Pío llegó a tu historia: ¿Qué es lo que te atrajo de él? ¿Qué te conquistó de su vida?

Y si es así ¿Por qué nos eligió el Padre Pío? Porque como decía el pensamiento, nuestra vida se la encomendó el mismo Jesús el día de su primera Misa. Esa es la razón por la cual el Padre Pío me eligió y nos eligió. Ahora se entiende el siguiente pensamiento: *No soy yo quien te ha llamado por este camino sino el Señor, tranquilízate hijo mío*[60]. Por tanto, quien nos ha llamado a seguir las huellas del Padre Pío ha sido Jesús. Por eso dice el Padre Pio que: *El Señor me confió tu alma el día de mi primera Misa.*

¡Qué belleza! ¡Todo es una estrategia de Dios! El Señor ha querido llamarnos, por medio de la vida y la persona de este fraile, para que a través de su espiritualidad vallamos a Jesús. Al igual que el cura de Ars le dijo a un pequeño niño en el camino que llevaba a Ars que él se encargaría de enseñarle el camino hacia el cielo, este santo, a cada uno de nosotros, nos enseña también cual es el camino del cielo y de la santidad.

---

[60] NELIO CASTELLO, *El Padre Pío nos enseña*, Ediciones LA CASA SOLLIEVO DELLA SOFFERENZA, 124

Todos podemos ser hijos espirituales del Padre Pío. Él no es exclusivo de unos pocos. Algunos lo consideran como algo propio, pero no es así. Los Santos son de todos y para todos. Él mismo dirá: *"Soy todo de todos y de cada uno. Cada uno puede decir: el Padre Pío es mío"*.

Entonces debemos de preguntarnos hoy: ¿Sabemos que es ser hijo espiritual del Padre Pío? ¿Qué significa ser hijo espiritual del Padre Pío? Cuando Padre Pío caminaba por las calles de San Giovanni Rotondo, muchos hombres y mujeres, acudían a él para pedirle ser hijos espirituales suyos. Hoy también sucede así. Muchos quieren ser hijos de este Padre. Algunos por sus milagros o por sus hechos extraordinarios y otros porque realmente la espiritualidad corresponde con lo que sus corazones desean.

Como ya he dicho anteriormente ser hijo espiritual no es una broma. No es una medalla más o pertenecer a un grupo más. Es algo más profundo. Es una realidad espiritual y sobrenatural. Padre Pío mirándolos con ternura les decía: *sí, pero no me hagas quedar mal.*

- ¿Qué es ser hijo espiritual de Padre Pío?

En primer lugar, el hijo espiritual del Padre Pío es aquel que le considera un padre. Un padre espiritual al cual escucha y obedece. Obedece porque entendemos que él nos enseña el camino que nos lleva al cielo. Un hijo debe reconocer que su padre le cuida en la fe.

¿Dónde podemos escuchar al Padre Pío? Principalmente en sus escritos. Escritos verdaderos como pueden ser sus homilías o sus epistolarios. Debemos tener mucho cuidado con las falsedades que se dicen de él. Hoy hay muchas cosas que se le atribuyen a él pero que no son suyas. Hablaremos de esto en otro capítulo.

Reconocerle como padre no es adoración sino veneración. Una veneración llena del amor. ¡Cuánta guerra ha hecho desde el cielo! ¡Cuántos sacerdotes, almas consagradas, laicos que han cambiado su vida gracias a la vida y a la intercesión de éste gran enamorado del Señor y de la Virgen! Se cumplen sus palabras: *Daré más guerra muerto que vivo.* Él desde el cielo reza e intercede por mí.

Voy a recoger ahora algunos pensamientos que dijo a sus hijos espirituales cuando acudían a él. A uno le dijo: *te quiero, a pesar de que tu no lo crees*[61]. A otro dijo: *Nunca te abandonaré y estaré a tu lado siempre, aun cuando te portes mal*[62]. También dijo a otro con amor delicado: *¿Cómo voy a abandonarte, si me cuestas tantos sacrificios? El amor se templa en el dolor*[63].

Este era el Padre Pío. Esta era la delicadeza y el amor por cada uno de sus hijos. Un padre que cuida.

En segundo lugar, el hijo espiritual, es el que considera al padre como un amigo. Un amigo especial. No un amigo como el mundo lo entiende. Un amigo con el que compartir sus cosas, sus preocupaciones, sus alegrías y tristeza. Un amigo al cual le pedimos su intercesión. Él que está en el cielo puede interceder por nosotros, puede hablar a Jesús de nosotros.

En tercer lugar, el hijo espiritual, imita a su Padre en sus virtudes. Éstas las podemos ver en el libro *Padre Pío, mi padre* del Padre Pierino Galeone donde él explica cómo las vivió siendo testigo *in visu*. Además de éstas, el hijo espiritual, se debe distinguir por aquello en lo que el Padre Pío se caracterizaba, es decir, en el amor a Jesús, el amor a la Virgen y en el amor a la Iglesia.

El amor a Jesús, poniendo en práctica el mandamiento de *Amarás al Señor tu Dios con todo tu corazón, y con toda tu alma, y con toda tu mente (Mt 22,37)*. Su amor fue incondicional y pleno. Se manifiesto en su entrega voluntaria y amorosa a la voluntad de Dios. Este amor le llevó a renunciar al mundo y a sus placeres, excluyendo otros amores los cuales los consideraba como pérdida después de conocer el amor de Jesús.

---

[61] NELIO CASTELLO, *El Padre Pío nos enseña*, Ediciones LA CASA SOLLIEVO DELLA SOFFERENZA, 123

[62] NELIO CASTELLO, *El Padre Pío nos enseña*, Ediciones LA CASA SOLLIEVO DELLA SOFFERENZA, 122

[63] NELIO CASTELLO, *El Padre Pío nos enseña*, Ediciones LA CASA SOLLIEVO DELLA SOFFERENZA, 119

En él se vio cumplidas las palabras del Evangelio de Juan: *El que acepta mis mandamientos y los guarda, ese me ama* (Jn, 14,21)

En el amor a la Virgen, a parte de lo ya expuesto anteriormente, se manifestaba en esa consagración diaria a su maternal protección. Era un diálogo filial, de madre a hijo, lugar donde encontrar su consuelo maternal y su protección. En una ocasión le dijeron al Padre Pio: *Padre, enséñeme un atajo para llegar a Dios.* Él respondió: *El atajo es la Virgen.* También le preguntaron: *Padre, dígame una palabra.* Él con ese amor y ternura que le caracterizaba responde: *es la fiesta de la Inmaculada. Abandónate en brazos de la Madre Celeste. Ella se encargará de custodiar tu alma*[64].

Y por último recalcar el amor a la Iglesia: *Dulce es la mano de la Iglesia incluso cuando golpea. Porque es la mano de una madre.* Él reconocía que la Iglesia es una, Santa, Católica y Apostólica pero pecadora en los hombres que la formamos. Él nos invitaba a amar a la Iglesia siempre, sobre todo en los defectos de las personas que forman la Iglesia. ¡Qué mejor que él para verlo en su vida! Tantas persecuciones, tantas incomprensiones, tantos desprecios y él elegía amar siempre. Por ello, quien conoce a Padre Pio entiende que su misión ha sido la de pedir siempre y en todo momento por la Iglesia.

Por tanto, ¿Qué es necesario para ser un verdadero hijo espiritual del Padre Pío? Principalmente toquemos cuatro puntos:

El primero de ellos es vivir en gracia. Vivir en gracia significa no vivir en una vida de pecado consciente. Conlleva rechazar el pecado mortal de nuestra vida para así vivir en la libertad y en el amor de los hijos de Dios. Volver al Señor nunca es tarde ni imposible. Recordemos las palabras del mismo Padre Pío: *Mi pasado, Señor lo confío a tu Misericordia. El presente a tu Amor. Mi futuro a tu Providencia. Entre tus manos esta mi vida Señor.* Nunca es tarde de volver al Señor con redoblado empeño. Es lo que llamamos la conversión, el cambio de vida.

---

64 Estos bellos diálogos se pueden encontrar en: NELIO CASTELLO, *El Padre Pío nos enseña*, Ediciones LA CASA SOLLIEVO DELLA SOFFERENZA.

Cuando el Padre Pío entra en la vida de una persona, lo que primero le hace ver es que debe cambiar la vida. Llevar una vida acorde a la vida cristiana. Esto es vivir en Santidad. Vivir en la tierra buscando los bienes del cielo. La Santidad tiene como fruto la felicidad.

En segundo lugar, el hijo espiritual de Padre Pío debe testimoniar una vida de fe. No solo con palabras sino también con hechos. Palabras y obras intrínsecamente unidas. Así es y así nos lo recuerda el apóstol Santiago, que la fe sin obras es una fe vacía[65]. El Padre Pierino siempre nos recuerda que la fe solo puede ir creciendo y perfeccionándose en el amor cuando ponemos en práctica la palabra de Dios. Nuestra fe irá creciendo en la obediencia a la Palabra de Dios.

En tercer lugar, toquemos la vida espiritual. Ésta debe ser intensa. Sin repetir aquello que ya hemos dicho anteriormente toquemos algunos aspectos.

- Meditación y la oración personal: Dice Padre Pío: *En la oración se busca a Dios, en la meditación se le encuentra y se le saborea.* Un día le preguntaron: *¿Qué debo meditar en la hora Santa?* Él respondió: *Medita sobre Jesús Amor, Jesús Crucificado.* En otra ocasión le volvieron a preguntar: *Padre, ¿Cuánta meditación debo hacer cada día? Dos son necesarias: una por la mañana y otra por la tarde, sobre Jesús Crucificado. Habría que estar meditando siempre.* Nos recuerda este último pensamiento que toda la vida del cristiano debe ser oración. Cuanto más cerca de Jesús estemos más lejos del mundo estaremos. Es el momento de la confianza. La meditación y la oración es a base de paciencia.

- Rosario: Es el arma contra el maligno. Como ya dijimos, aunque te duermas ¡esfuérzate! donde hay esfuerzo hay amor. Con el Rosario estamos con María. María con el Rosario nos lleva a Jesús.

---

[65] Santiago 2, 14

- Eucaristía: No hay duda alguna que Padre Pío era un enamorado de la Eucaristía. Vivía de la Eucaristía, por la Eucaristía y vivía en la Eucaristía. Pregúntate ahora tú, con sinceridad y con deseo de conversión, ¿Cómo vivo la Eucaristía? ¿Acudes a la Adoración Eucarística para estar con el Señor? Dirá él: *Corre a los pies de Jesús sacramentado y desahógate allí.* ¿Acudo a la Eucaristía movido por amor, con un corazón purificado y limpio o acudo por obligación y comulgando de cualquier manera? Que bellos pensamientos los que nos ofrece el Padre Pio: *Toda tu jornada ha de ser preparación y acción de gracias por la Santa Comunión.* Nos recuerda también la relación entre Cielo y Eucaristía: *¿Qué unión tendremos con Jesús en el Cielo? Ah! La Eucaristía puede darnos una idea.*

- Confesión: ¿Profano el Sacramento ocultando los pecados al confesor? ¿Voy con arrepentimiento y con propósito de enmienda? ¿Hago las paces frecuentes con el pecado? Recuerda siempre que la misericordia de Dios se une a la miseria y que a través de este Sacramento es Dios quien se te entrega, te levanta de tu Muerte y tu basura. El Señor es el que perdona, restaura y olvida.

Si nuestra vida es así, si vivimos la vida espiritual con intensidad, podremos ser un verdadero hijo espiritual del Padre Pío. Lamentablemente hoy llamamos hijo espiritual a cualquier cosa. Siempre movido por el sentimentalismo. En la vida de Fe, el sentimentalismo no es bueno. Es verdad que habrá momentos en nuestra relación con el Señor de mucha efusión, pero también hay que decir que no todo es así, habrá momentos de desolación espiritual y es ahí, en esos momentos, donde el verdadero cristiano se prueba en el amor. Ahí es donde se pone en práctica todo aquello que ha escuchado. Dirá el Padre Pío que es en la cruz donde se aprende a amar.

Cuando uno se considera hijo espiritual de un santo lo que también quiere hacer, por convicción, es continuar su misión aquí en la tierra. El hijo espiritual de Padre Pío, fascinado con su vida, espiritualidad y misión, quiere dar a conocer al mundo aquello que ha recibido por Gracia de Dios.

Al igual se siente llamado a continuar en su día a día la misión que el mismo Padre Pío realizó en la tierra.

¿Cuál fue su misión? ¿Qué pretendía aquí en la tierra? Hablemos de tres puntos principales:

✓ Llevar a las almas al cielo. Toda la obra que el Señor hizo en la vida de Padre Pío, desde pequeño hasta el día de su muerte, pasando por los dones extraordinarios, todo tenía un fin: que las almas vayan a Cristo. Así lo hizo. Toda su vida fue llevar de la mano a todos al Señor y a la Iglesia. Lo hizo con su testimonio, con su vida, con su ofrecimiento, con su oración, con su sufrimiento y con su buen ejemplo. Él fue la luz y la sal para los demás. Iluminó la vida de muchas personas que vivían en tinieblas y en sombras de muerte. Ellos acabaron abrazando la vida de Cristo.

✓ Enseñar el valor de la cruz. La cruz es un camino de salvación. Es un camino que nos lleva al cielo. Ser hijo espiritual del Padre Pío es "Amar lo que Él amó: La Cruz". La cruz para el hijo espiritual es: Camino de Santidad, es un privilegio en el cual ayudamos a Jesús a cargar con la cruz del mundo. La cruz nos enseña a no huir de ella sino a aceptarla, abrazarla y ofrecerla como ya hemos indicado anteriormente.

✓ Ser cireneos silenciosos. ¿Qué hizo el cireneo? Ayudó a Jesús a cargar con la cruz. Independientemente de si quería o no quería ayudarle, el cireneo cargó con la cruz también y le ayudó con el peso. ¿A quién hay que ayudar a llevar la cruz? A los que sufren las consecuencias de la cruz y a los enfermos ¿Cómo? Con la palabra, con la oración, con el silencio, dando el valor al sufrimiento o evangelizando el sufrimiento. ¡Cuántas personas necesitan que les ayudemos a llevar la cruz con nuestra cercanía! ¡Cuántas personas necesitan que se les alivie el sufrimiento! La evangelización del sufrimiento o buscar el valor del sufrimiento es algo que sorprende a quien lo escucha. El Padre Pío lo enseñó con su paciencia, con su palabra y con su ejemplo.

San Juan Pablo II, antes de morir, desde la ventana, nos enseñó que el sufrimiento es un camino de salvación, un camino que nos lleva a Dios.

¿Qué dice Padre Pío a sus hijos?[66]

Tranquilízate, que tu Padre te protege: En tu cruz, en la incomprensión, en la frustración, en el dolor y el sufrimiento.

Cuando se va en pos de Cristo Crucificado hay que sufrirlo todo, como Él. Hay que sufrirlo todo. El discípulo no va a ser menos que el maestro. Jesús se lo toma en serio. Amar lo que el Padre Pío amó.

Se que me quieres; es por eso por lo que se sufre. Seguir al Señor no es fácil. Exige renuncia y sacrificio que conlleva sufrimiento y dolor.

Aprende tú también a sufrir. Jesús aprendió sufriendo a obedecer.

Sufre este martirio del corazón por tu santificación. Jesús nunca es el primero en el abandono. El martirio del corazón es el pecado. Toda la vida será una lucha contra el pecado.

Pórtate cada vez mejor y persevera. Las buenas obras (las 14 obras de misericordia). Hacer siempre lo que agrada a Dios y lo que nos lleva a la Santidad.

¿Has visto a qué precio se paga el amor? ¡Qué importante es en la vida cristiana excluir otros amores! ¡Cuántos amores tenemos en nuestros corazones! ¿Son el Señor? ¿Son las cosas del mundo? ¿El mismo mundo con sus criterios? Como dice San Pablo, todavía, no hemos llegado a la sangre en la lucha contra el pecado.

---

66 NELIO CASTELLO, *El Padre Pío nos enseña*, Ediciones LA CASA SOLLIEVO DELLA SOFFERENZA.

- Después de haber expuesto como debe ser un hijo espiritual del Padre Pío, quiero terminar con una frase que nos puede ayudar en nuestro día a día: *Recuerda que el cariño de los hijos nunca es superior al de tu Padre. Tranquilízate, que nunca estarás sin mí.* Al igual un día le dicen: *Padre. No me abandone.* Con humildad y ternura responde: *Tu podrías abandonarme, pero yo correré siempre detrás de ti.*

CONCLUSIÓN

Que palabras más verdaderas son las palabras del Padre Pío: *daré más guerra muerto que vivo.* ¡Cuántas personas han experimentado la belleza de esta espiritualidad! Su espiritualidad seguirá viva por el resto de los años.

En este pequeño libro he pretendido mostrar a los devotos la belleza de una vida y de una espiritualidad escondida en este pobre y pequeño fraile. Siempre solemos poner el hincapié en los hechos sobrenaturales de este santo y nos perdemos la rica espiritualidad que nos propone para la vida.

Con estos capítulos he querido transmitir aquello que a mí me ha ayudado de este santo como cristiano y como sacerdote. Llevaba tiempo pensado es escribir algunas líneas sobre la espiritualidad concreta pero nunca me atreví. Fue a raíz de hablar con dos sacerdotes quienes me ayudaron a ver que hoy era necesario poder escribir algunas líneas para poder ayudar a los devotos. He aquí, éste es el resultado. En ningún momento he pretendido agotar todo lo dicho y hecho por el Padre Pío. El lector deberá seguir investigando y empapándose en sus escritos del Epistolario. Lo que sí he hecho ha sido tomar fragmentos del Epistolario que a mí me han ayudado personalmente y que recogen bien esta bella espiritualidad. Debemos abrir el apetito para seguir conociéndole y por tanto amándole.

Cuando el Padre Pío apareció en mi vida yo quise conocerle mucho más. Empecé a leer biografías de autores serios y fiables. Digo fiables por qué no todo vale. Hay mucho escrito y poco documentado. Para poder conocerle es necesario acudir a su Epistolario que recomiendo leer, subrayar y meditar. Ahí poco a poco irás conociéndole, irás entendiendo su forma de vivir y tú le irás pidiendo al Padre Pío que te vaya enseñando a vivir aspectos de su vida. Como ya he dicho anteriormente es necesario ponernos delante de los santos para poder así aprender a vivir cristianamente. Ellos son ejemplos y modelos de vida.

Agradezco a Dios ese diciembre de 2011 cuando un grupo de los Siervos del Sufrimiento acudieron a la parroquia donde estaba yo con ocasión de la Jornada Mundial de la Juventud. ¡Todo fue providencial! Ellos fueron los que me invitaron a acudir a San Giovanni Rotondo y posteriormente al encuentro con el Padre Pierino Galeone. Ahí comienza una nueva andadura con el Padre Pío. Una andadura de amor y de conversión. Y puedo afirmar lo que muchas veces dicen de él. Cuando el Padre Pío aparece en tu vida ya no te suelta nunca más.

ANEXOS

En muchas ocasiones he recibido mensajes de personas que me preguntaban si ciertas cosas que se habían publicado en Internet o en libros acerca del Padre Pío son o no verdaderas. Al Padre Pío, como a otros muchos santos, se le atribuyen muchos mensajes, pensamientos y escritos que ciertamente no lo son. En todo esto debemos tener cuidado. Hay mucha mentira que puede hacer mucho daño a la vida espiritual de la persona e incluso descafeinar el mensaje del Padre Pío. Como siempre he dicho y lo vuelvo a recalcar, tenemos que mirar siempre las fuentes oficiales.

Os dejo una nota de prensa que está recogida en la revista número 5 del año 2020. En ella se pide precaución con todo lo que se va diciendo acerca del Padre Pío. La nota se llama: *¡Cuidado con las presuntas profecías de los presuntos hijos espirituales del Padre Pío!*

> *En este período de ansia y de preocupación desenfrenada, han sido difundidas nuevamente algunas profecías apocalípticas atribuidas a San Pío de Pietrelcina, que habrían sido reveladas a algunos presuntos hijos espirituales cuando el Santo vivía o sucesivamente durante presuntas visiones. Por respeto a la verdad, los Hermanos Menores Capuchinos de la Provincia capuchina de "Sant' Angelo e Padre Pio" declaran que no pueden garantizar que tales mensajes sean auténticos ni confirmar alguna filiación espiritual de las dos personas que se la han atribuido. Ciertamente, tales profecías no están contenidas en ninguno de los escritos del Santo (todos publicados ya). Además, las afirmaciones de los dos presuntos hijos espirituales no encuentran coincidencia con ningún documento o prueba testimonial contenida en la realmente poderosa documentación (104 volúmenes) de la Causa de beatificación y canonización del Padre Pío de Pietrelcina.*
>
> *De acuerdo con lo expuesto, los Hermanos Menores Capuchinos invitan a los fieles a que examinen todas las noticias con un espíritu crítico y a que verifiquen la fiabilidad de las fuentes, encomendando*

un comportamiento de prudencia con las profecías, visiones o mensajes, que no tienen que considerarse dignos de fe si no son garantizados por la confirmación de las autoridades eclesiásticas competentes.

BIBLIOGRAFÍA

Pietrelcina, Padre Pío de (1981). *Epistolario* (vol. 1-4). San Giovanni Rotondo: Ediciones Voce di Padre Pío.

Ripabottoni, A. (2011). *Cireneo de todos.* San Giovanni Rotondo: Ediciones Padre Pío de Pietrelcina.

Galeone, P. (2016). *Padre Pío, mi padre.* Roma: Edizioni SdS.

Grottola, F. (2009). *Itinerario di Fede allá Scuola di Padre Pío.* San Giovanni Rotondo: Edizioni Padre Pío da Pietrelcina.

Castello, N. (1981). *El Padre Pío nos enseña.* San Giovanni Rotondo: Edicione La Casa Sollievo della Sofferenza.

Parente, A. *Envíame a tu Ángel de la guarda.* San Giovanni Rotondo: Edizioni Padre Pio da Pietrelcina.

Pietrelcina, Padre Pío de. (2019). *Buenos días.* San Giovanni Rotondo: Edizioni Padre Pío da Pietrelcina.

Castelli, F. (2017). *La "autobiografía" secreta del Padre Pío.* Madrid: Ediciones Palabra.

Pasquale, G. (2010). *365 días con el Padre Pío.* Madrid: Editorail San Pablo.

Capobianco, C. (2020). *Dichos y anécdotas de San Pío.* San Giovanni Rotondo: Edizioni Padre Pio da Pietrelcina.

Parente, A. (2011). *Padre Pío y las almas del purgatorio.* San Giovanni Rotondo: Edizioni Padre Pio da Pietrelcina.

AGRADECIMIENTOS

Estas líneas no habrían llegado a manos del lector si no hubiera sido por la ayuda de tantas personas que me han animado a poner por escrito todas las conferencias que he ido dando a lo largo de todos estos años. Agradezco al Padre Benjamín, capuchino, que en un encuentro personal me animó a ello. A Mons. Alberto Royo Mejía, promotor de la Fe del Dicasterio para la Causa de los Santos, en la elaboración y en la corrección del libro, con su sabiduría y amistad puso su impronta en las páginas de este libro. Agradezco la colaboración de varias feligresas de la parroquia Santos Justo y Pastor de Parla, de las consagradas que entregan su tiempo y vida en la misma y de amigas cercanas a mí que han ayudado en este pequeño recuerdo y agradecimiento al Padre Pío. Nombro aquí, de una forma especial, a cada uno de los miembros del Instituto Secular "Servi della Sofferenza", ya sea a la familia consagrada como a los asociados. Siempre con su cariño, oración y cercanía en la misión de difundir la vida y la espiritualidad del Padre Pío. A todos ¡Gracias!

Ofrezco al Señor, por intercesión del Padre Pío, a todas las personas que tendrán en sus manos este ejemplar. Qué Él, que conoce los corazones, derrame abundantes gracias de conversión en sus corazones y en el de sus familias, especialmente los enfermos y por los que pasan por el sufrimiento de la Cruz.

Los lectores que lo deseen pueden enviar sus testimonios y dudas a la siguiente dirección de correo electrónico:

publicacionpadrepio@gmail.com

Printed in Great Britain
by Amazon

39951897R00066